中公新書 2782

青野利彦著

冷戦史（下）

ベトナム戦争からソ連崩壊まで

中央公論新社刊

冷戦史（下）目次

地図作成◎地図屋もりそん

【上巻目次】

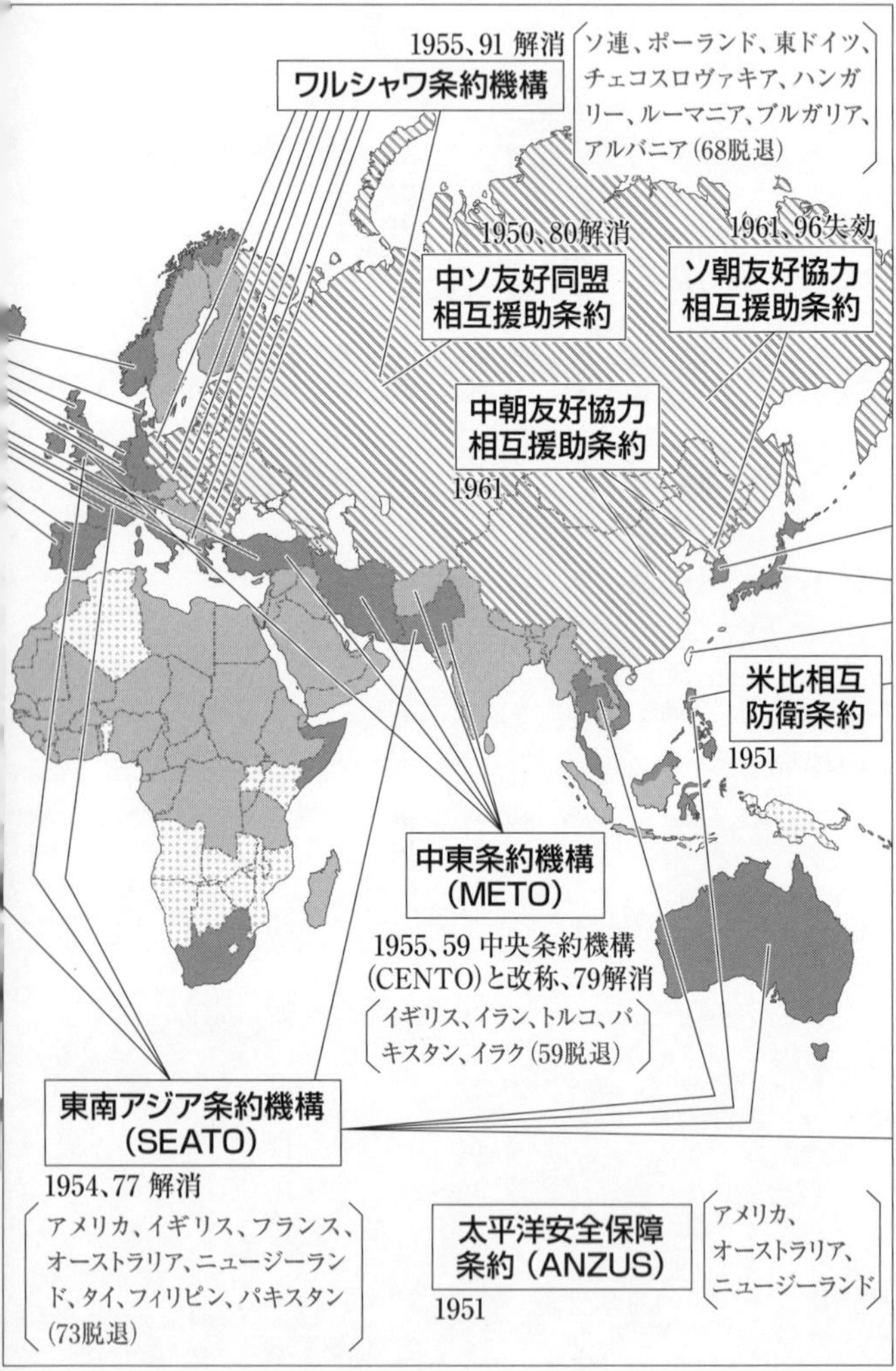
1955、91 解消
ワルシャワ条約機構
ソ連、ポーランド、東ドイツ、チェコスロヴァキア、ハンガリー、ルーマニア、ブルガリア、アルバニア（68脱退）
1950、80解消
中ソ友好同盟相互援助条約
1961、96失効
ソ朝友好協力相互援助条約
中朝友好協力相互援助条約
1961
米比相互防衛条約
1951
中東条約機構（METO）
1955、59 中央条約機構（CENTO）と改称、79解消
イギリス、イラン、トルコ、パキスタン、イラク（59脱退）
東南アジア条約機構（SEATO）
1954、77 解消
アメリカ、イギリス、フランス、オーストラリア、ニュージーランド、タイ、フィリピン、パキスタン（73脱退）
太平洋安全保障条約（ANZUS）
1951
アメリカ、オーストラリア、ニュージーランド

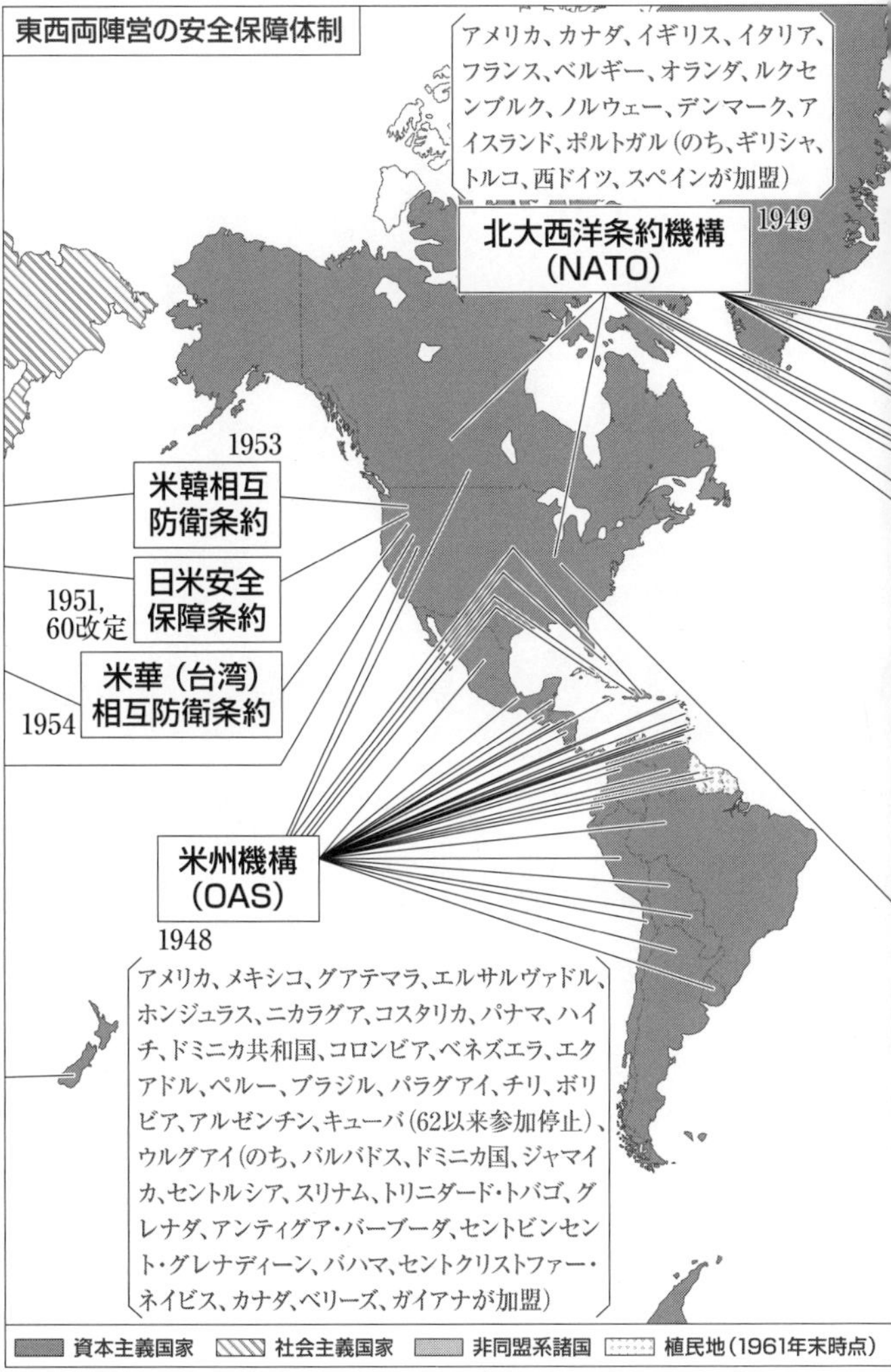
東西両陣営の安全保障体制
アメリカ、カナダ、イギリス、イタリア、フランス、ベルギー、オランダ、ルクセンブルク、ノルウェー、デンマーク、アイスランド、ポルトガル（のち、ギリシャ、トルコ、西ドイツ、スペインが加盟）
1949
北大西洋条約機構
(NATO)
1953
米韓相互防衛条約
1951,
60改定
日米安全保障条約
米華（台湾）相互防衛条約
1954
米州機構
(OAS)
1948
アメリカ、メキシコ、グアテマラ、エルサルヴァドル、ホンジュラス、ニカラグア、コスタリカ、パナマ、ハイチ、ドミニカ共和国、コロンビア、ベネズエラ、エクアドル、ペルー、ブラジル、パラグアイ、チリ、ボリビア、アルゼンチン、キューバ（62以来参加停止）、ウルグアイ（のち、バルバドス、ドミニカ国、ジャマイカ、セントルシア、スリナム、トリニダード・トバゴ、グレナダ、アンティグア・バーブーダ、セントビンセント・グレナディーン、バハマ、セントクリストファー・ネイビス、カナダ、ベリーズ、ガイアナが加盟）
資本主義国家
社会主義国家
非同盟系諸国
植民地（1961年末時点）
出典：柴田三千雄・木谷勤『世界現代史』339頁をもとに作成

冷戦史（下）

ベトナム戦争からソ連崩壊まで

第7章

ベトナムの影の下で

捕獲した米軍の銃を持つ南ベトナム解放民族戦線の女性兵士（1968年ごろ）

本書の上巻、第6章までは、冷戦の起源からキューバ・ミサイル危機後の時期までを扱った。冷戦は第二次世界大戦のさなか、米英ソの戦後構想の対立から生起し、一九五〇年代の半ばまでにはヨーロッパとアジアの分断体制が確立した。五〇年代には脱植民地化が進む第三世界に米ソが介入したことで、冷戦はグローバルに拡大していった。また、同じ時期には米ソの核軍拡競争が進み、六〇年代初めに世界は、ベルリン危機、キューバ・ミサイル危機といった核戦争の危機に直面することになった。

これに続いて本章では、ベルリン、キューバの危機後、六〇年代の半ばから後半にかけての冷戦の様子を描いていく。冷戦に関わるこの時期の出来事として、すぐに思い浮かぶのはベトナム戦争であろう。だが、重要なのはそれだけではなかった。

キューバ危機で核戦争の危険性に直面した米ソは、それ以降、核危機の再発と核兵器の拡散の抑制に取り組んだ。しかし、これを超大国による共同支配の動きと見なし、抵抗する勢力が東西双方の同盟内部から現れる。このような同盟国の動きは、しばしば東西間の緊張緩和――デタント――をめざす独自の外交行動となった。また、六〇年代半ばから末にかけてアジアでは、ベトナムのみならず、朝鮮半島と中ソ国境でも軍事衝突が発生した。以下では、ベトナム戦争の影の下でこうした複数の潮流が交錯し、次章で見るデタントの時代へとつながっていく様子を見ていく。

1　核と軍備をめぐる東西関係

相互確証破壊（MAD）による安定化の模索

前章で見たように、一九六〇年代初め、ソ連の核戦力は質・量とも大きくアメリカに後れをとっていた。それでも両国は過剰殺戮《さつりく》能力を有していた。キューバ危機の際にケネディとフルシチョフが互いに譲歩したのは、こうした状況下で核戦争を回避するためであった。だが、再び核危機が起きた時、米ソが同じように慎重に行動するとは限らない。もし核戦争が避けられないのであれば、先制攻撃を実施して相手の核戦力を可能な限り破壊してしまう方が、自国が生き残る可能性が少しでも高まるからだ。とはいえ、一旦、核戦争が始まれば、勝ち残った方ですら耐えがたい損害を被ることはまちがいない。

では、どうすれば米ソ双方に先制攻撃を自制させることができるのか。ケネディ・ジョンソン両政権でこの課題に取り組んだのが、ロバート・マクナマラ国防長官であった。六〇年代半ばまでに彼が得た解答が確証破壊（Assured Destruction：AD）という戦略概念である。米ソの一方が先制攻撃を敢行しても、他方が耐えがたい損害を与えるだけの報復攻撃を行える状況を作り出す。これにより、双方に先制攻撃を思いとどまらせるというのがその要点であった。なお、「耐えがたい損害」とは、人口の五分の一〜三分の一、産業の二分の一〜三分の二を意味する。

つまり確証破壊とは、自国民とその経済生活を敵の核攻撃の危険性に敢《あ》えて曝《さら》すことで、核戦争の勃発を防止しようとする考え方であった。これに対する批判があったのも当然だろう。六〇年代にあるアメリカの戦略理論家が、ＡＤに「相互の（Mutual）」という一語を加え「相互確証破壊（Mutual Assured Destruction：ＭＡＤ〔＝狂気の〕）」という言葉を使い始めた。この皮肉のこもった表現は、すぐに人口に膾炙《かいしゃ》した。

続く米ソ核軍拡競争

ＭＡＤは「宣言戦略」とよばれるアメリカ政府の公式な核戦略である。しかし、それがすべてではなかった。アメリカは、実際に核戦争を戦うための「運用戦略」も構築していた。ソ連の核攻撃能力の破壊を目的とする「単一統合作戦計画（ＳＩＯＰ）」である。

最初のＳＩＯＰはアイゼンハワー政権末期の一九六〇年一二月に策定された。それは、ソ連、中国、東欧の一〇〇〇以上の攻撃目標に対して、約三三〇〇発の戦略核兵器のすべてを一斉発射するというものであった。この計画が実施されれば、二億八五〇〇万人のソ連人と中国人が殺され、四〇〇〇万人が重傷を負うとされていた。なお、このなかには東欧諸国の犠牲者や、他の地域における放射性降下物の被害者は含まれていない。これ以降、SIOPは作戦計画の修正を繰り返しながら、歴代のアメリカ政権に引き継がれていった。

他方、モスクワではブレジネフの新指導部が大規模な核軍拡に乗り出していた。キューバ危機で屈服せざるを得なかったのは、核戦力でアメリカに劣っていたからだ。このように考えた彼らは、六〇年代後半、必死でアメリカに追いつこうとした。

ただし、ソ連側はアメリカと核戦争を戦おうとしていたわけではない。ブレジネフは、アメリカの指導者と同じく、核戦争の防止と、西側との関係改善を望んでいた。次章の最終節で詳しく見るように、六〇年代半ばのソ連・東欧諸国は、科学技術や経済発展で西側に大きく水をあけられていた。そのためソ連指導部のなかにも、市民の生活水準を改善し、西側との距離を縮めなければならないとの考えが生まれていた。緊張緩和によって西側との貿易を拡大し、核軍拡競争を抑制して資源を消費物資の生産に振り向けることは、ブレジネフの望みでもあった。しかし、軍事的に不利な立場から西側と交渉することは避けたい。ブレジネフは、まず核戦力で対等の立場に立ったうえで交渉に臨みたいと考えたのだ。

核軍拡に傾注していたソ連は、軍備管理交渉にも後ろ向きであった。六六年以降、ジョンソン政権はソ連に対して、戦略兵器制限交渉（SALT）と弾道弾迎撃ミサイル（ABM）の制限に関する交渉を繰り返し呼びかけた。SALTは、米ソが保有する戦略核ミサイルの配備数に上限を課すことを目的としていた。ABM条約は、相手の核ミサイルを迎撃するABMの配備を制限するものである。その狙いは、MAD状況を安定させ、先制核攻撃の誘因を少なくすることにあった。

だがソ連は、アメリカのベトナム介入を理由に、ジョンソン政権のアプローチを拒否し続ける。ベトナム戦争が米ソ核軍備管理にブレーキをかけていたといえるが、それだけが理由ではなかった。六二年から八六年まで――ケネディからロナルド・レーガンまで六人の大統領の任期にわたって――駐米ソ連大使を務めたアナトリー・ドブルイニンが回顧するように、この時期、ソ連はアメリカと核戦力で「均等（パリティ）」に達することを最優先していたのである。

NATO柔軟反応戦略

軍拡が進んだのは米ソの核戦力だけではなかった。ワルシャワ条約機構とNATOの二つの同盟でも軍拡が進んだ。その発端はベルリン危機であった。

「核の手詰まり」の状況下で発生したベルリン危機に、大量報復戦略で対応することはできない。これがケネディ政権の判断であった。西ドイツから西ベルリンへの通行路の妨害など、小規模な圧力手段をソ連が行使した場合、西側はどう対応するのか。全面核戦争のリスクを冒して、大量報復の威嚇《いかく》を行うことは、西側諸国の世論を考えれば難しい。だが、何らかの対応をとらなければ、ベルリンはソ連の手中に落ちてしまう。

そこでケネディ政権が選択したのが「柔軟反応戦略」である。それは小規模な武力行使から、通常兵力による大規模攻撃、さらには核戦争まで、ソ連側の出方に応じて様々な軍事手段で対応することを想定したものであった。アメリカはこの戦略に必要な通常兵力を拡充する一方、NATO諸国にも同様の通常軍拡を強く求めるようになった。こうした方針はジョンソン政権にも引き継がれる。

NATO諸国の反応は否定的であった。非常に大きな財政コストを伴う通常兵力の拡充は国民の好むところではない。後述するように、一九六〇年代半ばのヨーロッパでは緊張緩和の気運が高まりつつあったので、なおさらであった。また、ヨーロッパと大西洋で隔てられたアメリカとは違い、ソ連と地続きの西ヨーロッパにとって、通常兵力での対応は国土を戦場にすることを意味した。核兵器に依存して、ソ連の行動それ自体を抑止する大量報復戦略の方が、西欧諸国にはむしろ望ましかったのだ。

数年にわたる米欧間の交渉を経て、六七年一二月、柔軟反応戦略はNATOの公式戦略として採択された。それは米欧の妥協の産物であった。アメリカは同盟国の求めに応じて大量の戦術核兵器を西欧に配備することに同意し、それを受けて西欧同盟国も同戦略の採択に応じたからである。これにより西欧配備の戦術核兵器は、ケネディ政権期の数百発から、六七年の約七〇〇〇発まで増加した。

柔軟反応戦略は、拡大抑止をめぐる米欧間の相違を覆い隠す形で採択された。しかも核兵器への依存を減らすことをうたいながら、かえって西欧配備の核兵器を増やしたのである。

強化されるワルシャワ条約機構

一九六〇年代に核軍拡が進んだのは、西側だけではなかった。きっかけはやはりベルリン危機である。同危機が始まった六一年中ごろから、ソ連はワルシャワ条約機構の再編成と近代化、戦争計画の立案を進めていった。危機が戦争にエスカレートした場合に備えるためである。

六〇年代の前半、ソ連は東ドイツ、ポーランド、チェコスロヴァキア、ハンガリーと秘密協定を締結し、戦術核兵器を多数配備していった。前章で見たように、フルシチョフは、通常兵器を削減するために核兵器を重視していた。だがブレジネフ政権期のソ連は、核戦力のみならず、陸軍・海軍の両方で通常兵力も強化していった。また、東欧諸国の軍事力も強化され、ワルシャワ条約機構全体で軍事力が底上げされた。

第4章で見たように、五五年に設立された時点でのワルシャワ条約機構は、西側との交渉カードや、ソ連・東欧関係の強化といった政治的な意味合いが大きく、軍事的な内実を伴っていなかった。しかし、六〇年代末までに同機構は強力な軍事同盟へと変質しており、NATO側もそのことを明確に認識していた。後述するように、六〇年代のヨーロッパでは緊張緩和を模索する動きが見られた。だがその背後では、核兵器で武装された二つの同盟が、真に対峙する状況ができあがりつつあったのである。

核不拡散条約の締結

ただし、核不拡散条約（NPT）が締結され、現在まで続く核兵器管理の枠組みができたのもまたこの時期であった。

一九五〇年代末まで、世界で核兵器を保有していたのは米英ソの三カ国だけであった。しかし、前章で見たように、五〇年代後半になると核保有国の増加が危惧《きぐ》されるようになる。六〇年代に入るとフランスが核実験に成功し、中国も核開発を進めていたから、核拡散への危惧はさらに強まった。

米ソ両国は、仏中に続いて、西ドイツが核保有に踏み切ることを恐れていた。部分的核実験禁止条約（PTBT）は、米ソ核軍拡競争のみならず、西ドイツや中国の核開発に歯止めをかけるためのものでもあった。また、同じ時期にアメリカは、多角的核戦力（MLF）構想を推進して西ドイツの核武装を防ごうとした。その西ドイツは、PTBT締結後、早期に同条約に加盟したが、自国の核開発への制限を嫌った中国とフランスは参加を見送った（第6章）。

六四年一〇月に中国が原爆実験に成功すると、核拡散に対するアメリカの懸念はさらに高まった。中国の成功に触発されたインドや日本、中東諸国、西ドイツが核開発に踏み切り、グローバルな核拡散が進むことが恐れられた。米ソ間でMAD体制の構築が進んでも、米ソの統制が及ばない核兵器の数が増えれば国際秩序が不安定化しかねないからだ。

六五年以降、米ソはジュネーブの一八カ国軍縮委員会（ENDC）の共同議長としてNPT交渉を推進していった。すでに核保有国となっていた米英仏ソ中（いわゆるP5）以外の国が、核兵器を獲得することを防止するためであった。

交渉は難航した。当初、障害となったのはMLFであった。MLFの目的は西ドイツ核保有の防止であった。だがソ連にとって、西ドイツのMLF参加は「西ドイツが『核のボタン』に手をかける」ことを意味していた。西ドイツ以外のNATO諸国があまり関心を持たなかったこともあり、六五年後半になるとアメリカはMLFを放棄し、その後継手段として核計画グループ（NPG）を提案する。それは防衛大臣レベルでの協議を通じて、間接的に西ドイツや他のNATO加盟国を核運用に参画させるものであった。それでもソ連は、西ドイツが核兵器運用に関わることに反対した。

だが、六六年半ばからソ連は、少しずつNPGを容認する姿勢を見せ始める。このころまでには、近い将来インドが核開発に踏み切り、それが周辺国の連鎖的な核保有を誘発することへの懸念が広がっていた。またENDCでは、核兵器を持たない国々が米ソに対して、様々なNPT加盟条件を突きつけていた。条約締結の機会が失われることを恐れた米ソは妥協を迫られたのである。

最終的にNPTは六八年七月に調印された。NPTはその締約国を、核兵器を持つP5と持たない国に分け、後者に軍事的な安全保障の手段としての核兵器保有を禁止するものであった。核保有国の軍事的優位を固定化するNPTを、米ソが共同して世界を統制する仕組みだと捉える向きもあった。それゆえ六〇年代半ばからは、独自のデタント外交を推進することで超大国の「共謀」に対抗する動きが東西双方の同盟内部から現れるようになる。

2　デタントを模索するヨーロッパ

ド・ゴールの挑戦

一九六〇年代半ば、西側同盟に内側から挑戦したのがフランスのド・ゴール大統領であった。キューバ危機の直後、ド・ゴールは米ソ・デタントに反対していた。しかし、六四年以降、彼は冷戦対立を克服するため独自のデタント外交を展開していく。

第6章で見たように、キューバ危機後にド・ゴールは、仏独関係の強化に乗り出した。だが、アメリカや西ドイツ国内の親米派の抵抗で挫折する。その後、ド・ゴールは東側へと関心を転回させていく。彼にとって冷戦の「安定化」とは、米ソによるヨーロッパ支配の固定化にほかならなかった。そこでド・ゴールは、アメリカから独立した「ヨーロッパのためのヨーロッパ」が必要だと主張し、「大西洋からウラル」という新しい安全保障枠組みの実現を提唱した。これによって冷戦対立を克服して、東西ヨーロッパ全体を覆う安全保障体制を形成し、そのなかでドイツ再統一と在欧米軍の撤退を実現するのである。こうした目的を念頭に、六四年以降、ド・ゴールは中国やソ連、東欧諸国に接近する二国間ベースのデタント政策を進めていった。六六年六月には訪ソも実現している。

ド・ゴールはまた西側同盟にも挑戦していった。彼にとって、NATOを中核とする西側同盟は、アメリカによる西欧支配の枠組みそのものであった。冷戦初期に作られたNATOの役割と組織は、デタントという新しい国際状況に合わせて見直す必要がある、とド・ゴールは主張した。そして、六六年二月には、フランス軍をNATO軍の指揮下から離脱させることを宣言した。

さらにド・ゴールは、ヨーロッパ統合に水を差すような動きも見せる。六一年七月にイギリスは第一次EEC加盟申請を行った。しかし六三年一月、ド・ゴールはこれを明確に拒否した。また六五年には「連邦的な活力」をヨーロッパに与えようとするEEC委員会の提案を拒絶し、さらに六七年には、イギリスによる二度目のEEC加盟申請を再び拒絶した。こうしたド・ゴールの動きに、西側諸国は警戒感を強めていくことになる。

東欧のド・ゴール主義――ルーマニア

フランスと同じような動きを見せた国が鉄のカーテンの反対側にもあった。ルーマニアである。

一九六四年四月、ルーマニア労働者党は「独立宣言」として知られる方針を明らかにした。この宣言は、対立する中ソ両国に和解を呼びかける形式をとってはいた。だが実際には、社会主義国家間の平等と、主権や内政不干渉原則の尊重を主張するものであった。六〇年代に入るとソ連は、コメコンやワルシャワ条約機構の結束を促すことで、東欧諸国への統制を強化しようとしていた。ルーマニアはこうしたソ連の動きに強く反発したのだ。

ルーマニアの主張に、ド・ゴールが共感したことは想像に難くない。事実、ド・ゴールは、ルーマニアの方針転換を注視していた。六四年七月にはルーマニア首相イオン・マウレルが訪仏し、その後両国は政治・経済の両面で関係を深めていった。六五年にルーマニアの指導者となったニコラエ・チャウシェスクも、前任者の独自外交路線を引き継いだ。そのなかで最も物議を醸したのが、西ドイツとの国交正常化である。

アデナウアー政権末期から西ドイツは、ド・ゴールほど派手ではなかったが、独自のデタント政策を二国間ベースで進めていた。だが西ドイツは、東ドイツを承認した国家とは国交を断絶するというハルシュタイン・ドクトリン(第4章)を依然として貫いていた。再統一に関する既存の立場を維持しつつ、西ドイツの強みである経済力を活用して東ドイツ以外の東欧諸国と経済関係を強化し、東ドイツを孤立させようとしたのである。こうした方針は、六三年一〇月に成立したエアハルト政権にも引き継がれた。

六六年春、エアハルト政権は「平和覚書」という文書を発表し、西ドイツと東欧諸国が二国間の武力不行使協定を締結することを提案した。ただし、西ドイツの基本方針に変わりはなかった。平和覚書は、東欧諸国を分断し、東ドイツを孤立させることを意図したものであった。そのため東ドイツをはじめ、東欧諸国は強く反発する。

だが独自路線をとるチャウシェスクだけは、これに応じる姿勢を見せた。しかも彼は、西ドイツと国交を樹立する意向すら示したのだ。ルーマニアは、東ドイツの地位に関して東欧諸国と足並みを揃えようとしなかったのである。

ルーマニアと西ドイツは秘密裏に協議を進め、六七年一月、両国は国交を樹立した。それは、西ドイツにとっても大きな選択であった。東ドイツを承認していたルーマニアとの国交樹立は、ハルシュタイン・ドクトリンの放棄を意味したからである。

こうしたルーマニアの独自路線は、東欧社会主義諸国の関係を大きく揺さぶった。東側の同盟政治に関するその著書のなかでローリエン・クランプが、ルーマニア外交、とりわけチャウシェスクのそれを「ワルシャワ条約機構のド・ゴール主義」と形容したのも頷ける。

東欧によるヨーロッパ安保会議提案

ソ連に対して反発する動きを見せたのはルーマニアばかりではない。一九六〇年代半ばには、東側からもデタントのイニシアチブがとられるようになった。そのなかにも東欧諸国の独自の動きを見ることができる。

この時期、東側は、ヨーロッパ全体の安全保障問題に関する会議開催を繰り返し提案していた。その最初は、ポーランドが、ソ連に相談することなく行った六四年一〇月の提案である。

このポーランド提案には伏線があった。六三年半ばからフルシチョフは、西ドイツに接近しようとしていた。六三年六月、フルシチョフはアデナウアーに訪ソを打診する。しかし、それが実現しないままアデナウアーが一〇月に退陣すると、今度はエアハルト首相にもアプローチしている。これに危機感を抱いたのがポーランドや東ドイツであった。ポーランドは、自国の国益を犠牲にするような形で独ソ二国間合意が成立することを恐れていた。そこで、ソ連を牽制するために独自の会議提案を行ったのだ。

興味深いのは六六年以降、東欧のお株を奪うかのように、ソ連が自らヨーロッパ安保会議を提案するようになったことだ。東西ヨーロッパのすべての国が参加する会議において、分断されたヨーロッパとドイツの現状、とりわけ東ドイツの国際的承認を取りつけることが、その狙いであった。ソ連がポーランドの反発を逆手にとったと見ることもできるだろう。

だがNATO側は東側の提案を拒否し続けた。西ドイツの歴代政権は、すべてのドイツ人を代表する正統な国家は西ドイツのみであるとして、東ドイツの国家承認を拒否し続けてきた。もしヨーロッパ安保会議が開催され、そこに東ドイツが参加すれば、西側が東ドイツの存在を認めたことになってしまう。西ドイツの基本方針への配慮からNATOは、安保会議の開催に応じなかったのである。

アルメル報告書の採択

NATOも内側に大きな課題を抱えていた。ド・ゴールの外交は、NATOの存在意義に疑義を突きつけた。東西双方から緊張緩和を求める動きが出るなか、冷戦初期に形成された軍事同盟を維持する意味があるのかが問われたからだ。さらに、北大西洋条約の期限である一九七〇年が迫っていたことが問題に拍車をかけた。四九年に締結された同条約では、発効後二〇年を過ぎれば脱退可能となることが定められていた。NATOの存在意義があやふやなままで七〇年を迎えれば、多くの加盟国がNATOを脱退し同盟が瓦解することが恐れられたのだ。

こうしたなか、六七年初め、ベルギーのピエール・アルメル外相は「同盟の将来に関する研究」の実施を提案した。NATOの存在意義を再定義するためである。アメリカはアルメル提案を強く支持した。その後約一年間にわたる研究の末、六七年一二月、NATO理事会は「アルメル報告書」を採択した。この文書は、NATOの目的を、(一)東側に対する軍事的な「抑止」と、(二)政治・外交面でのデタント追求の二本柱として定義し、その存在意義を再確認するものであった。またこの理事会では、柔軟反応戦略がNATOの公式軍事戦略として採用された。

NATOの意義と結束が改めて確認されたことで、ド・ゴールの挑戦は退けられた。翌六八年五月にはパリで学生と労働者を中心とする大規模な暴動が発生し、六九年にド・ゴールは権力を失った。だが、彼のデタント政策は、次章で描く西ドイツの東方政策やアメリカの対ソ・デタント政策の先駆けとなるものであった。また、ド・ゴールはその行動を通じて、軍事と外交の両面においてNATO内部の相違を明らかにする「触媒」の役割を果たしたともいえる。ド・ゴールは確かにNATO同盟を内側から揺さぶった。だが、アルメル報告書の採択が示すように、彼の動きはかえってNATOの結束を強める結果を生んだ。ここにド・ゴール外交の逆説がある。

次章の冒頭で指摘するが、NATOの正統性をめぐる問題はこの後も続く。それでも、アルメル報告の採択によってNATOは、内部対立を交渉と協議によって回復する力を示した。だが鉄のカーテンの反対側の同盟はそうではなかった。それを明らかにしたのが六八年の「プラハの春」である。

プラハの春

第4章で見たように、一九五六年のハンガリー危機にソ連は軍事介入で対処した。ソ連・東欧関係史を研究するアンソニー・ケンプ゠ウェルチは、ソ連の介入は東欧諸国に二つのルールを設定したと指摘する。それは、ワルシャワ条約機構を脱退することは許されず、また共産党一党支配は維持されなければならないというものであった。

「ハンガリー後」の東欧では、共産党支配のもとで政治的自由や言論、思想の制限が続いた。

第8章で詳しく見るが、六〇年代の東欧経済は伸び悩んでいた。政府主導の計画経済は、生産ノルマを達成する以上の成長努力を行うインセンティブに乏しい。そこで、この時期のソ連・東欧では、部分的に市場経済の要素を取り入れることも行われた。しかし、それが共産党支配を弱めることは決して許されなかった。

ソ連軍が介入したプラハ市内で燃える戦車と、チェコスロヴァキア国旗を掲げた人々（1968年）

こうした状況に挑戦したのが、チェコスロヴァキアの改革運動である。六八年一月、アレクサンデル・ドゥプチェクが新たな指導者として登場した。ドゥプチェクは「人間の顔を持つ社会主義」というスローガンを掲げ、「プラハの春」として知られる政治・経済の改革を進めていった。

ソ連と東欧諸国、とりわけポーランドと東ドイツはチェコスロヴァキアの情勢に危惧を抱いた。当時ポーランド国内では学生運動が盛んになっていた。それゆえ指導者のゴムウカは、隣国の事態が自国に波及することを恐れたのである。チェコスロヴァキアとソ連・東欧諸国の間では何度か協議がもたれた。その都度ドゥプチェクは、自身が事態をコントロールしていること、また、ワルシャワ条約機構から脱退する意図はないことを強調した。五六年ハンガリー危機の経験から、彼は、同条約機構にとどまる限り、ソ連は一定の改革を容認すると考えていた。

しかしドゥプチェクに対するソ連の不信感は解けることはなく、ブレジネフは介入を決断する。八月二〇日、ソ連を中心としたワルシャワ条約機構五カ国の軍がプラハを占領した。九月二八日にブレジネフは、社会主義陣営全体の利益が脅かされた場合、各社会主義国の主権は制限されるとして、介入を正当化した。後にこれは「ブレジネフ・ドクトリン」として知られるようになる。東側の結束を担保しているのがソ連の軍事力であることを、プラハの春は明らかにしたのだ。

このように六〇年代後半、ヨーロッパでソ連の同盟は大きく動揺した。そして同じ時期にソ連は、東アジアでより深刻な問題に直面していたのである。

中ソ軍事衝突

キューバ危機後に中ソ対立が公然化したことは第6章で見た。その後、一九六四年一〇月にフルシチョフが更迭《こうてつ》されると、ソ連の新指導部は中国に関係修復を呼びかけた。一一月初め、周恩来《しゅうおんらい》首相が関係正常化を模索するためモスクワを訪れた。この時、一つの事件が起きている。歓迎のためのカクテル・パーティで泥酔したロディオン・マリノフスキー国防大臣が暴言を吐いたのだ。自分たちがフルシチョフを追い出したように、中国側も毛沢東《もうたくとう》を更迭すれば中ソ関係は改善するというのである。この事件だけが理由ではないが、中ソ会談は前年七月の交渉と同じく決裂した。

六〇年代の中ごろまでに毛沢東は、ソ連が新疆《しんきょう》や満洲《まんしゅう》、内蒙古《ないもうこ》などの地域に侵攻する可能性を真剣に危惧するようになっていた。また、後述するように、この時期アメリカはベトナムへの介入を拡大しており、朝鮮半島にも在韓米軍が駐留していた。北はソ連、南はアメリカという二正面の脅威を意識して、重工業や産業基盤を国境から遠く離れた内陸地に移動させる「三線《さんせん》建設」も始まった。

ソ連の方も同じような懸念を抱いていた。六六年ごろから中国社会は、毛沢東が開始した文化大革命（文革）によって大きく混乱していく。六七年初めには、北京《ペキン》のソ連大使館が、紅衛兵《こうえいへい》とよばれる、毛沢東主義を支持する若者に包囲される事件も発生した。脅威を感じたソ連は、六七年二月、前年に締結されたモンゴルとの同盟条約に基づいて、ソ連軍のモンゴル駐留を開始した。ブレジネフは中国の攻撃を抑止しようとしたのである。

中国側は、こうした動きをソ連の攻撃的意図を示すものと受け止めた。ソ連軍が同盟国チェコスロヴァキアに侵攻した六八年夏以降、中国の危惧はさらに強まった。そして、六九年三月初め、中ソ東部国境のウスリー川に浮かぶダマンスキー島（珍宝島《ちんぽうとう》）で、中国はソ連の国境警備部隊を待ち伏せ、奇襲攻撃を敢行した。

中国がソ連を攻撃した意図については諸説ある。国内要因に注目して、文革の混乱を一旦収束させるため、四月に予定された共産党大会に向けて国内を引き締めるべく、対外緊張の高まりを演出したという指摘がある一方、ソ連の意図を試すつもりであったとの見方もある。また、武力行使も辞さないと示すことでソ連の攻撃を抑止する意図であったとの指摘もあるが、実際にはソ連側も反撃し、双方に死傷者が出る事態となった。さらに、八月にも新疆の国境地帯で衝突が起きた。

いずれの衝突に際しても、ソ連は、核兵器で報復する可能性を示唆した。ただし、中ソ双方が危機のエスカレーションを望んでいなかったことは確かだろう。九月一一日、アレクセイ・コスイギン・ソ連首相は、北京空港で周恩来と会見した。両者は、戦争の意思がないことを互いに確認し、国境問題に関する交渉再開に合意した。だが、ソ連に対する毛沢東の疑念が晴れることはなかった。

こうして六〇年代末までには、これまで東側が唱えてきた「社会主義国の連帯」の空虚さが明らかになった。プラハの春でソ連に対する東欧諸国の忠誠心が、軍事力で担保されていることが露呈された直後、「社会主義国のリーダー」を自称する中ソが互いに武力を行使したのだ。東側の同盟は、同盟内の不和を政治的に解決し得たNATOとは、対照的な力学を見せたといえる。こうした東側陣営内の軋轢《あつれき》、特に中ソ対立は、この後見るベトナム戦争や朝鮮半島での衝突と相まって、次章で扱う米中ソ・デタントの舞台を形成するのである。

3　泥沼化するベトナム戦争

戦争の「アメリカ化」

一九五四年のジュネーブ休戦協定により、ベトナムは北緯一七度線を境に分断された。そして、北部をホー・チ・ミンが政権を担う北ベトナムが、南部をゴ・ジン・ジエム大統領のベトナム共和国（南ベトナム）が、それぞれ統治することになった（第5章）。

その後、アメリカは大規模な軍事・経済援助によって南のゴ政権を支えていく。それはアメリカの指導者たちが、南ベトナムが共産化すれば東南アジア全域がドミノ倒しのように共産化すると考えていたからであった。いわゆる「ドミノ理論」である。しかし、ゴ大統領の独裁に対する反発が強まり、六〇年には南ベトナム解放民族戦線が形成された。北のベトナム労働党も、反政府ゲリラ戦を戦う解放民族戦線への支援を開始した。

ケネディ政権は、南ベトナム軍強化のために軍事顧問を派遣し、経済援助を供与する一方、政府への反発を弱めるためゴ政権に内政改革を要求した。だが、カトリック教徒のゴ大統領は、南ベトナム国民の大部分を占める仏教徒への弾圧などを続けた。ゴ政権のもとでは南ベトナムを維持できないと考えるようになったケネディ政権は、南ベトナム軍部によるクーデタ計画を黙認。六三年一一月にゴ政権は打倒される。

ケネディ暗殺後に大統領に昇格したジョンソンは、ベトナムへの介入をさらに強化した。六四年八月初め、ジョンソンは、北ベトナムのトンキン湾で米海軍の駆逐艦が二度にわたって北ベトナム軍に攻撃されたとの報告を受けた（現在では、二度目の攻撃はなかったという説が有力である）。ジョンソンは北ベトナムへの報復爆撃を命じ、共産主義者の「さらなる侵略を阻止するため、あらゆる手段をとる」権限を与えるよう議会に要請した。これを受けて議会は、大統領を支持する「トンキン湾決議」をほぼ全会一致で採択した。

北ベトナムが人民軍を南下させ、解放民族戦線とともに攻撃を強化すると、六五年二月、ジョンソンは北ベトナムに対する空爆（北爆）を開始した。さらに、七月には地上部隊の派遣に踏み切った。フランスに対するベトナム人の反植民地戦争として始まった戦いは、ここで完全に「アメリカ化」した。

なお、ベトナム戦争は、第5章で見た第一次インドシナ戦争に続く「第二次インドシナ戦争」としても知られている。また、第9章で言及する、七〇年代後半にインドシナ半島の社会主義諸国間で生じた一連の紛争は「第三次インドシナ戦争」とよばれている。

なぜアメリカは介入を拡大したのか

なぜアメリカはベトナム介入を拡大したのだろう。地上軍を派遣すれば泥沼にはまり込む恐れがあると考えていたケネディは、戦闘部隊の派遣を避けようとし、南ベトナム軍を指導する軍事顧問の派遣にとどめた。だがケネディも、ジョンソンも、交渉で休戦を実現するという道をとらなかった。そこには二つの理由がある。

まず、二人の大統領が、ベトナムでアメリカの「信頼性」を示さなければならないと考えていたことが指摘できる。「信頼性」とは、アメリカがグローバルな共産主義の脅威に対抗し、同盟国の安全に関与するという決意のことだ。アメリカが信頼性を失えば、ソ連や共産主義者がより危険な行動をとり、同盟国や第三世界諸国も東側に接近したり、中立主義的な態度をとるかもしれない。アメリカの指導者たちは、南ベトナム関与にアメリカの信頼性の象徴としての意味を見いだしていたのだ。

二つ目の理由は、中国の脅威が増大したと考えられたことだ。一九五〇年代初めから中国は、北ベトナムやその隣国ラオスなどで、共産主義勢力を支援していた。それゆえベトナムでの対応に失敗すれば、中国の影響力がアジアで拡大すると考えられた。しかも、中国はキューバ危機のさなかにインド攻撃に踏み切っていた（第6章）。そのため、アメリカの指導者たちは、緊張緩和を求めるソ連よりも、中国を危険視するようになっていた。さらに中国が、「修正主義」的なソ連を批判して「アメリカ帝国主義」への対決姿勢を強め、原爆（六四年）と水爆（六七年）の爆発実験に成功したことも、これに拍車をかけた。

興味深いのは、アメリカ政府首脳とはまったく異なる見方をしている指導者が西側にいたことだ。フランスのド・ゴールである。

六三年八月二九日、ド・ゴールはベトナムの「中立化」を提案した。それは、外国勢力――特にアメリカ――がベトナムから手を引き、ベトナム人の手に紛争解決を委ねるというものである。アメリカが撤退すれば、共産主義者がベトナムを統一することはほぼまちがいない。しかし、一四世紀まで遡る中越両国の対立の歴史に鑑みれば、統一されたベトナムが中国の手に落ちることはあり得ない。ド・ゴールはこのように事態を見ていた。また、彼はドミノ理論も信用してはいなかった。ベトナム全土が共産化されたからといって、必ず東南アジア全体に広がるとは限らないのである。

第9章で見るように、七六年にベトナムは北ベトナム主導で統一され、社会主義国家となる。そしてその約三年後には、中国との戦争に突入する。ド・ゴールの見立てはある程度正しかったのだろう。だが、ケネディはド・ゴールの提案を即座に拒否したのである。

縛られたガリバー

アメリカが全面関与した後も情勢は好転しなかった。北爆の狙いは、解放民族戦線に対する北ベトナムの支援能力に打撃を与えることにあった。だが、アメリカの思惑は裏目に出る。北爆に反発した北ベトナムがさらに支援を拡大したからだ。

ソ連もまた、北ベトナムの行動をコントロールできなかった。一九六五年春にハノイを訪問したコスイギン首相は、アメリカとの全面戦争を避けるよう北ベトナム指導部に進言している。だが、北ベトナムはこれを拒絶した。五四年ジュネーブ会議（第5章）で悔しい思いをした北ベトナムは、今回は多大な犠牲を払ってでも勝利を収める覚悟であった。

六五年から六八年にかけて、北ベトナムは約三〇万人の人民軍を南下させた。米軍も増派され、六八年末までにその数は約五四万人に達した。アメリカはまた、最新鋭の武装ヘリコプターや高性能の焼夷弾であるナパーム弾、ジャングルを枯らしてゲリラから隠れ場所を奪う枯葉剤など、強力な兵器を次々投入していった。しかし、こうした米軍の戦術はベトナムの人々の反米感情を強め、解放民族戦線が人心を勝ち取り、新たな兵力を募ることを可能にした。こうして超大国アメリカですら、解放民族戦線と北ベトナムを打倒できないことが次第に明らかになっていく。

「正規軍は勝たなければ敗北したことになる。だが、ゲリラは負けなければ、勝利したことになる」。ニクソン政権の国家安全保障問題特別補佐官として次章で登場するヘンリー・キッシンジャーは、一九六九年夏に出版された論文のなかでこのように述べている。アメリカとベトナムの勝ち負けに関する、正鵠《せいこく》を射た表現だろう。

国力で圧倒的に優位にあったアメリカは、なぜベトナムに勝てなかったのか。それは戦争の意味が非対称であったことで部分的に説明できる。

ベトナム人は、ベトナム戦争を「アメリカ戦争」とよぶ。ベトナムにとって「アメリカ戦争」は民族全体をあげて戦う「総力戦」であり、それゆえ、ナショナリズムに訴えて必要な人員・資源を動員し続けることができた。

だが、アメリカにとってのベトナム戦争は、グローバルな冷戦戦略全体のなかの「限定戦争」であり、動員可能な人員や資源には限りがあった。ジョンソン政権は「偉大な社会」とよばれる大規模な福祉国家建設計画を推進しており、それを膨大なベトナム戦費と両立させることは困難であった。次章で見るように、七〇年代初めにアメリカはブレトンウッズ体制を自ら崩壊させる行動をとるが、ベトナム戦争による財政悪化はその大きな理由の一つであった。

また当初はアメリカ政府のベトナム政策を支持していた議会や世論も、次第にその態度を変えていった。戦争が泥沼化していくにつれて米国内では反戦運動が盛り上がり、議会での政権批判も強まった。それまで政府が唱えてきた、「自由世界を守るための正しい戦争」という見方への疑いが強まっていったのである。

さらに冷戦という国際状況も、アメリカの行動を大きく制約した。ベトナムに対して軍事力で圧倒的優位に立つアメリカには、理論上、北ベトナム侵攻や核兵器の使用という選択肢もあったはずだ。しかし、北ベトナムに侵攻すれば、北ベトナムと国境を接する中国が介入して朝鮮戦争の二の舞に、核兵器を使用すればソ連との全面核戦争に至る可能性があった。

ハーバード大学で長年国際政治学を講じたスタンレー・ホフマンに『ガリバー災難記《ガリバーズ・トラブルズ》。あるいはアメリカ外交をとりまくもの』（六八年）という著作がある。この書物でホフマンは、巨大な力を持つアメリカが、実際には国内政治や国際状況に強く拘束されて思うように力を行使できない「縛られた巨人」であったことを示した。『ガリバー旅行記《ガリバーズ・トラベルズ》』を想起させる書名が示すように、ホフマンは、小人の国で地面に縛りつけられたガリバーとしてアメリカを描いた。アメリカがベトナムに勝てなかったのは、まさに、その「とりまくもの」のせいであったといえるだろう。

派兵する同盟国

ベトナム戦争に関わったのはベトナム人とアメリカ人だけではなかった。ベトナム人がアメリカに屈することなく戦い続けることができたのは、中ソ両国が北ベトナムを支援し続けたからでもあった。

本当のところソ連は、ベトナム戦争が悪化してアメリカや西側諸国との緊張緩和に悪影響を与えることを危惧していた。しかし、アメリカが介入に前のめりになれば、東側のリーダーとして北ベトナム支援を拡大せざるを得なかった。他方、中ソ対立が進展するなか、ソ連との競争・対抗を意識する中国も、北ベトナムへの援助を強化していった。防空軍と工兵隊を中心に中国は、約三二万人を派遣している。対立する中ソを競わせることで、北ベトナムは双方から支援を引き出し、対米戦争を続けることができたのだ。

一九六四年四月にジョンソン政権は、「より多くの国旗を」と呼びかけて西側諸国に派兵を求めた。アメリカ単独ではなく、「自由世界全体」が南ベトナムのために戦っているという体裁を繕おうとしたのである。アメリカの求めに応じて、韓国、フィリピン、タイ、オーストラリア、ニュージーランドなどが派兵に踏み切った。だが、これらの国々は、ベトナムそのものというよりも、自国の安全保障へのアメリカの関与の確保や、派兵の見返りとしての経済支援への期待から、アメリカの要請に応じたというのが本当のところであった。

興味深いのは、韓国と北朝鮮がいずれもベトナムに派兵したことだ。後述するように、五〇年代末からすでにアメリカは在韓米軍の削減を検討しており、韓国はそれを防ぎたいと考えていた。こうした懸念は、六〇年代に入り、アメリカがベトナムへの関与を拡大するとさらに深まった。韓国では六一年の軍事クーデタの結果、朴正熙《パクチョンヒ》政権が成立していた。朴正熙は在韓米軍の削減とベトナム転用を防ぎ、かつ、見返りとして対韓援助が増額されることも期待して派兵したのである。

他方、六五年七月に北朝鮮と北ベトナムは、朝鮮半島とベトナムから米軍が完全撤退するまで相互に支援することを約している。それは金日成《キムイルソン》が、米軍のベトナム関与と被害が拡大すれば在韓米軍が撤退し、統一へ向けた条件が整うと期待したからであった。

仲介する同盟国

ただし、派兵に応じた西側の同盟国は、むしろ少数派であった。その大半は、消極的支持、ないしは批判的な態度をとった。自国の安全とは利害が薄いベトナムにアメリカが過剰に関与すれば、かえって自国の安全が損なわれかねなかったからだ。

西ドイツをはじめ、NATO諸国政府は、ベトナム戦争の拡大に伴って在欧米軍が東南アジアに配置転換された結果、西欧防衛が手薄になることを恐れていた。それゆえ、西側の主要同盟国は様々な形で、ベトナム戦争を交渉によって解決するための仲介努力を行った。前述したように、アメリカが交渉を拒否した理由の一つは、同盟国に対する信頼性を失うことへの恐れであった。実際には、NATO諸国や日本は、交渉をアメリカの弱腰の表れとは見ていなかった。むしろ軍事介入の拡大を危惧していたのである。

ド・ゴールが一九六三年に中立化を提案したのは、アメリカに対する自立性・独自性をアピールすることに加えて、ヨーロッパの安全保障を懸念したからでもあった。また、ベトナム戦争をめぐる英米関係を詳細に検討した水本義彦《みずもとよしひこ》は、イギリスのハロルド・ウィルソン首相が仲介を行ったのは、交渉を拒否して軍事力の行使に固執すれば、アメリカが国際社会、特に第三世界において道義的権威を失うと予想したからだと指摘する。事実、中立・非同盟諸国はアメリカの戦争を強く非難していたのである。

日本の佐藤栄作《さとうえいさく》政権も仲介努力を行っていた。次章で見るように、このころ佐藤政権は、アメリカの施政権下にあった沖縄の返還交渉に力を入れていた。だが、沖縄の米軍基地はベトナム戦争を遂行するために重要な役割を果たしていたから、戦争が続く限り沖縄返還は困難であった。また佐藤は、経済発展した日本は、アジアでより大きな役割を担うべきだと考えていた。しかし憲法の制約により、それは非軍事領域での行動にとどまらざるを得ない。沖縄返還のためにも、日本外交の地平を広げるうえでも、戦争終結は望ましかったのだ。

それでも、同盟諸国の仲介努力が実ることはなかった。戦争が泥沼化するにつれ、ジョンソン政権は次第にベトナム和平を望むようになっていった。それは国内に「戦争疲れ」が見えていた北ベトナムも同じであった。しかし、互いに相手に対して強い不信感を抱いていた両国は、交渉を開始する条件で折り合うことができず、交渉の入り口にすら立てないまま戦闘が続いた。

テト攻勢のインパクト

一九六八年一月末、ベトナムは旧正月（テト）を迎えた。この時解放民族戦線は南ベトナム各地で一斉攻撃を実施し、一時はアメリカ大使館すら占拠した。大使館をめぐる攻防の様相は全米にテレビ中継されて、国民に大きな影響を与えた。それまで政府はアメリカの勝利について楽観的な見方を喧伝してきた。しかしテト攻勢で、解放民族戦線がまだ十分な戦闘力を持っていることが明らかになり、人々は政府の説明に強い不信感を抱くようになったのだ。三月三一日、ジョンソンはテレビ演説を行い、北爆の部分的停止を表明し、北ベトナム政府に対して和平交渉を行うよう呼びかけた。そして、一一月の大統領選には出馬しないと国民に告げた。

テト攻勢は、北ベトナムと中ソの関係にも影響を与えた。すでに見たように、北ベトナムは対立する中ソを両天秤《りょうてんびん》にかけ、双方から援助を引き出していた。テト攻勢の前、中国は北ベトナムの行動に強い危惧を抱いていた。大規模な軍事作戦を敢行すれば、北ベトナムのソ連兵器に対する依存が高まり、ソ連の影響力が拡大すると考えられたのだ。さらにテト攻勢後、北ベトナムがジョンソンの和平交渉提案に応じる姿勢を示した際にも、中国はこれに反対した。それは、ソ連が対米交渉に賛成したからであった。

こうした理由から、テト攻勢を境に、北ベトナムはソ連へと傾斜していき、中越関係は悪化し始める。それはソ連との対立を深めていた中国にとって大きな問題であった。第9章で見るように、七〇年代に中越間には深刻な対立が発生するが、その兆しは六〇年代末にはすでに見られていたのである。

六八年の国際情勢はベトナムの影の下で複雑な様相を呈していた。しかし、アジアにはもう一カ所、緊張が高まった場所があった。朝鮮半島である。それは中ソ対立やベトナム情勢と互いに影響を与えあいながら発生したものであった。

4　朝鮮半島での衝突

日韓国交正常化

第3章と第4章で見たように、朝鮮戦争を契機に日本と韓国は、台湾の国府《こくふ》とともにアメリカの東アジア軍事同盟網に組み込まれた。一九五一年九月にサンフランシスコ講和条約が締結されるとアメリカは、独立を果たした日本と、講和会議に参加しなかった韓国・国府との国交を正常化させようとした。東アジアにおいて同盟の結束を強化するためである。

日本と台湾の国交は、対日講和条約の発効と同時に締結された日華条約によって回復された。だが、日韓関係はそうはいかなかった。日韓の間には多くの問題があったが、とりわけ重要だったのが「対日請求権」の問題である。

韓国政治研究者の木宮正史《きみやただし》によれば、請求権問題とは「日本の政府や個人が植民地朝鮮から『強制的に』移転した経済的価値」をどのように「金銭的に評価」して、韓国側に返還するかを問うものである。その根幹にあったのは、植民地支配の歴史をめぐる根本的な認識の対立であった。日韓会談は五〇年代を通じて断続的に実施されたものの、歴史認識をめぐる問題は埋まらず、六〇年代半ばまで国交正常化は達成されなかった。

転機は六一年に訪れた。この年の五月、軍事クーデタにより朴正熙が政権を握った。実質的な正統性を欠いていた朴正熙政権は、「反共」を前面に押し出すことで、一月に誕生したケネディ新政権から支持を取りつけた。さらに経済面では、日本からの支援も必要であった。朴正熙政権がめざしたのは、経済を発展させて北朝鮮との体制競争に打ち勝つことであった。第4章で見たように、五〇年代の北朝鮮は東側諸国の援助を受けて経済的に発展し、金日成を中心とする体制を固めつつあった。朴正熙は日韓国交正常化を通じて両国の経済協力を強化し、工業化を達成して北朝鮮に対する経済的劣位を克服したいと考えていた。

ちょうど同じころ、日本では池田勇人《いけだはやと》政権が、韓国の請求権放棄と引き換えに「過去の償い」ではなく「韓国の将来の経済および社会福祉に寄与」するため経済協力を行うとの方針を決定していた。また、ケネディ政権も日韓交渉の早期妥結を強く望んでいた。朝鮮戦争以降、アメリカは巨額の対韓援助を行ってきた。しかし、ベトナムや中南米で共産主義勢力が拡大傾向を見せるなか、アメリカは日韓経済協力の拡大を欲していた。韓国の共産化を防ぎつつ、アメリカの負担を軽減するためである。六一年六月のケネディ＝池田会談では、早期に日韓国交正常化をする方針が確認された。朴政権が在韓米軍を維持し、対韓援助増額を勝ち取るためにベトナム派兵したことはすでに見たが、それはこうした冷戦下の韓米日関係の展開を背景としたものであった。

その後、日韓両国間では断続的に交渉が行われ、アメリカも仲介役を務めようとした。六二年秋、大平正芳《おおひらまさよし》外相と金鍾泌《キムジョンピル》・韓国中央情報部長の会談で請求権問題に関して基本線が合意され、妥結の道が開かれた。そして六五年六月、日韓基本条約が締結される。この条約と同時に署名された日韓請求権・経済協力協定で両国は、無償三億ドル、有償二億ドル、民間借款三億ドル以上の経済協力を日本が提供し、請求権については「完全かつ最終的に解決されたこととなることを確認」した。日韓国交正常化のプロセスは、アメリカの東アジア冷戦戦略と、日韓の間の脱植民地化の過程が交差するさまを映し出すものであった。

日韓国交正常化は、六〇年代後半以降の韓国経済の成長に一役かった。韓国は、日本から原材料を輸入して軽工業品を生産し、それをアメリカに輸出することで大きく成長したが、日本からの原材料輸入に対日請求権資金が用いられたのである。また請求権資金は、ソウル地下鉄などの社会インフラのほか、工業化を推進するために必要な資材や、機械、技術の導入にも大きく貢献した。そして次章で見るように、七〇年代に入ると韓国は、台湾、香港、シンガポールとともに「アジアＮＩＣｓ（新興工業経済地域）」とか「アジア四小龍」とよばれるまでに成長するのである。

中ソのはざまの北朝鮮

韓米日関係の展開に、北朝鮮指導部は危惧を抱いた。アメリカの仲介で日韓関係が正常化すれば、韓米日という強大な軍事的脅威が登場するからだ。危機感を強める北朝鮮にチャンスを与えたのが、中ソ対立である。中ソ関係が悪化するなか、一九五〇年代末から両国は経済援助などを通じて北朝鮮を自分の側に引き寄せようと努力した。北朝鮮は中ソに対して等距離外交を推進し、両国を競争させて双方から最大限の支援を獲得しようとした。中ソ双方との同盟条約はその最も大きな果実であった。

六一年七月六日、訪ソした金日成は軍事同盟条約である朝ソ友好協力相互援助条約の締結にこぎ着けた。さらにモスクワを辞した金は北京に立ち寄り、七月一一日には中国ともほぼ同じ内容の条約を締結することに成功した。韓米日の脅威が高まるなか、北朝鮮は、中ソ対立を利用して双方から安全保障上の関与を引き出したのである。

朝ソ関係は、六一年末から悪化していった。六一年一〇月の第二二回党大会で、フルシチョフは再び、スターリンの個人崇拝を批判する演説を行った。これは個人崇拝による体制強化を推し進める金日成には看過できないものであった。これを機に北朝鮮が中国への傾斜を強めると、ソ連も経済援助を縮小させた。

他方、中国は、北朝鮮を自国の側に引き寄せるために寛大な援助を続けた。中国の冷戦史研究をリードしてきた沈志華《しんしか》によれば、大躍進の失敗による経済的疲弊のなか、中国は「やせ我慢」して支援を続けたのだ。六二年一〇月のキューバ危機が起きると、北朝鮮は中国に同調し、対米交渉を進めていたソ連を「修正主義」と批判していった。

しかし、批判的な態度をとりつつも、北朝鮮はソ連との関係正常化を望んでいた。再び沈志華の言葉を借りれば、「経済技術支援において、ソ連の実力ははるかに中国を凌いでいたから」である。転機は、六四年一〇月にフルシチョフが失脚したことで訪れた。これを機に北朝鮮指導部は対ソ関係改善へと向かい、再び中ソ等距離外交を展開していったのである。

この時期の北朝鮮外交を包括的に分析した高一《こいる》は、朝ソ関係の改善は「緊迫する東アジア情勢と無関係ではなかった」と指摘する。確かに北朝鮮は中国とも緊密な軍事的関係にあった。だが、アメリカのベトナム介入拡大と韓米日の提携強化、アメリカの対韓軍事援助が続くなか、北朝鮮は、中国のそれよりも有利な、ソ連からの軍事援助を望むようになっていた。六五年五月には朝ソ軍事協定も締結された。

朝ソが再接近した六〇年代半ば、中朝関係は悪化した。その理由について歴史家の多くは、文化大革命（文革）の影響を強調している。文革により中国外交が極端に左傾化・混乱して中朝の外交方針が乖離《かいり》したこと、北朝鮮が中国への脅威感を強めたこと、また、紅衛兵が、北朝鮮を親ソ的な「修正主義」だと強く批判したことなどが指摘されている。

ただし、金日成も毛沢東も、両国の関係が決定的に悪化することだけは慎重に避けていた。中国は、北朝鮮を挟み南で在韓米軍、北でソ連の軍事的脅威に直面していた。それゆえ、北朝鮮をソ連側に追いやることはできなかった。在韓米軍と直接対峙していた北朝鮮としても、韓米日の包囲網が強化されるなか、背後に位置する中国との関係を破綻させることは不可能であった。また、中ソのいずれか一方に与《くみ》すれば、中ソ軍事衝突に巻き込まれる恐れもあった。自身がソ連の介入の対象となることへの恐れは、六八年のプラハの春によりさらに高まった。

青瓦台襲撃事件とプエブロ号事件

韓米日の脅威に直面し、中ソ間で機微に富んだ外交を展開する一方、北朝鮮指導部は、北朝鮮の自主性を強調する「主体《チュチェ》」思想の体系化を進め、金日成を中心とする体制を強化していった。国防力の拡大も進められ、軍部の力も拡大した。

しかし軍事支出が大きく伸びた影響が民生部門に及び、経済発展にも遅れが見られるようになる。前述したように、韓国の朴正熙政権は経済発展に力を注いでいた。そのため、一九七〇年代初めまでに韓国と北朝鮮の経済的な立ち位置は、次第に逆転するようになる。

北朝鮮が冒険主義的な行動に出たのは、こうしたなか、六八年初めのことである。ベトナム戦争に触発された北朝鮮指導部は、韓国内で「革命勢力」による武装蜂起《ほうき》が発生することを期待して、一連のゲリラ攻撃を敢行した。六八年一月二一日、韓国大統領官邸を襲撃すべく派遣された三一名のゲリラ部隊が発見されて銃撃戦を繰り広げた。青瓦台《せいがだい》襲撃未遂事件である。また、一一月にも韓国東海岸の江原《カンウォン》道《ド》三陟《サムチョク》と慶尚北《キョンサンブク》道《ド》蔚珍《ウルジン》に北朝鮮のゲリラ部隊約一二〇名が上陸し、そのほとんどが射殺されるという事件が発生している。

さらに青瓦台襲撃未遂事件の二日後には、アメリカの情報調査船プエブロ号が北朝鮮によって拿捕《だほ》され、乗組員が拘束された。このプエブロ号事件に、ジョンソン政権は空母エンタープライズを北朝鮮付近に派遣することで対応し、緊張が高まった。

韓米同盟・朝ソ同盟の動揺

朝鮮半島をめぐるこうした一連の事件は、韓米同盟を揺さぶった。青瓦台襲撃未遂事件の際、朴正煕大統領は駐韓アメリカ大使を呼び出し、北朝鮮への報復を示唆した。この時大使は、アメリカは韓国を支援しないと即答する。またプエブロ号事件が発生すると、ジョンソン政権は、韓国の頭越しに北朝鮮と人質解放のための交渉を開始した。これに激高した韓国側をなだめるため、アメリカは対韓援助の増額を決定したが、それは韓国が北朝鮮に対して単独行動をとらないという約束との引き換えであった。

「巻き込まれ」の危険を感じたのはソ連も同じであった。一月三一日に金日成はブレジネフに書簡を送付した。このなかで金日成は、ジョンソン政権が北朝鮮を攻撃する可能性を強調し、一九六一年の朝ソ条約に基づいて北朝鮮と「ともに戦う」よう要請した。しかし、北朝鮮の「冒険的」行動がもたらす結果を恐れたブレジネフは、朝鮮半島の統一は平和裏になされるべきであり、戦争を招くようないかなる行動にもソ連は反対すること、プエブロ号事件は政治的手段で早急に解決すべきことを北朝鮮側に伝えた。

結局、六八年末までには、北朝鮮が韓国国内で「革命」を引き起こすのは困難なことが明らかになった。しかし、六八年の一連の事件は、韓国と北朝鮮には米ソ超大国に「見捨てられる」可能性を、米ソには韓国や北朝鮮によって戦争に「巻き込まれる」危険性を強く認識させたのである。

ここまで見てきたように、六〇年代後半、米ソ、またNATOとワルシャワ条約機構の間では軍拡競争が続き、双方の戦力は「均等」に近づいていった。他方、この時期には、東西双方の同盟内部から超大国支配に挑戦する勢力も現れた。さらにアジアでは、中ソ軍事衝突やベトナム戦争、朝鮮半島での武力衝突が発生した。こうした混沌《こんとん》状況を背景に、六〇年代末から世界は「デタント」をキーワードとする時代へと突入していく。次章ではこの過程をヨーロッパから見ていこう。

第8章

デタントと経済のグローバル化

中国を訪問したニクソン（右）と毛沢東（1972年2月）

一九六〇年代末から七〇年代前半の時期を象徴する言葉は、緊張緩和を意味する「デタント」であろう。前章で見たように、デタントを模索する動きはすでに六〇年代半ばから現れていた。七〇年代前半には、それがドイツ問題の暫定的解決や米中和解、核をめぐる米ソ合意といった形で、具体的な成果として結実した。また、七〇年代のデタントの核心ともいえる米中ソ・デタントは、台湾海峡や日中・日ソ関係、朝鮮半島といった東アジアの国際関係にも大きな影響を与えた。

七〇年代前半は、二一世紀の私たちが目のあたりにしているグローバル市場経済が姿を現し始めた時期でもあった。それは冷戦初期に分断された東西の経済体制が、少しずつ変化し、互いにつながりを深めていくなかで生じたものであった。

1　ヨーロッパ分断の承認

グローバルな「若者の抵抗」

ヨーロッパにおけるデタントの気運は、一九六八年にソ連がチェコスロヴァキアに侵攻したことで、大きく後退したかに見えた。だが、その半年後の六九年三月、ハンガリーで開催されたワルシャワ条約機構首脳会議は「ブダペスト・アピール」を採択し、ヨーロッパ安全保障会議の重要性を強調した。東側は再び、デタントのイニシアチブをとったのである。

　この会議を主導したソ連の念頭にあったのは、次の三つの考慮であった。まず、チェコへの軍事介入によって世界から強い批判を浴びたブレジネフが、平和の提唱者としてイメージを回復しようとしたことである。次に、中国の軍事的脅威に直面したソ連が、アジアとヨーロッパでの二正面対立を恐れて、ヨーロッパ情勢を安定化させようとしたことである。さらにアメリカの政策変更が、デタントに対するソ連の期待を高めたことである。六九年初めに新大統領のリチャード・ニクソンが、戦後ヨーロッパの現状を尊重する可能性をソ連側に示した。これによりソ連は、安全保障会議を通じてヨーロッパの現状を固定化する見通しを持つようになったのである。

　前章で見たように、東側によるヨーロッパ安全保障会議の提案を、西側は一貫して拒否していた。それは、ドイツ統一問題について西ドイツに配慮したからであった。だが、こうした態度を維持することは次第に難しくなっていた。その背景には、この時期に西側各国で見られた学生の抵抗運動があった。

　六〇年代半ばは、第二次世界大戦後のベビーブームで誕生した世代が大学に進学した時期である。ベトナム戦争が泥沼化し、戦後の高度経済成長も終わりを告げ、西側諸国は財政赤字やインフレといった問題に直面し始めていた。世界各地において若者たちは、大学キャンパスにおけるベトナム反戦の担い手となり、政府の国内政策・冷戦政策を強く批判していた。「グローバルな抵抗運動」ともいうべき若者の動きは六八年に頂点を迎え、フランスではド・ゴールを退陣へと追い込み、日本でも「東大紛争」などを引き起こした。

こうした国内の世論を踏まえて、NATO内では、デタントに前向きな態度をとる必要があるとの考えが出始める。マイケル・スチュアート英外相が指摘したように、東側のブダペスト・アピールに「ただ『ノー』を突きつける」だけでは、NATOを維持しなければならないと若者を説得するのは難しそうに見えた。七〇年五月、ついにNATOは、ドイツ問題とベルリン問題に関して進展があれば、ヨーロッパ安全保障会議開催の可能性を探るための多国間対話に応じる用意があると声明した。

この後見ていくように、七〇年から七二年にかけて、この二つの問題が「暫定的」に解決したことで、ヨーロッパ安全保障会議への道は開かれる。それを可能にしたのが、西ドイツ社会民主党政権の東方政策であった。

ブラント政権の東方政策

本書上巻の各章で描いたように、一九四九年から六三年まで、西ドイツ外交を牽引したのはキリスト教民主同盟のアデナウアー首相であった。彼の基本方針は、「西側結合」による強い立場から、西ドイツ主導の再統一をソ連と東ドイツに受け入れさせる「力の政策」にあった。

東西対立が厳しかった五〇年代半ばまで、「力の政策」は西側全体の方針と合致していた。しかし、核危機が続発した五〇年代後半からは、ドイツ分断の現状を受け入れ、緊張緩和を模索する動きが出始める（米英、そしてソ連によるこうした動きに独仏が反発し、西側内部で緊張が高まったのは第6章で見たとおりである）。六一年には、分断固定化の象徴ともいえる「ベルリンの壁」が建設された。「壁」は「力の政策」の限界を浮き彫りにしたのだ。これを、文字通り目の当たりにしたのが、当時は西ベルリンの市長であった社会民主党のヴィリー・ブラントと、その側近エゴン・バールであった。この二人が、数年後に西ドイツ外交を大きく転換していくことになる。

六六年一二月にブラントは、キリスト教民主・社会同盟と社会民主党による大連立政権の外相に就任し、その三年後には社会民主党政権の首相となった。ブラントは、将来ドイツ再統一を達成するという原則は維持しつつも、ドイツ分断の現状を「暫定的」に承認して東側との関係を改善し、長期的に再統一を実現する方針をとっていく。東側との「対決」を重視する「力の政策」から、東側に「接近」することで漸進的にその変化を促す「接近による変化」へという、発想の転換であった。

西ドイツの新路線を歓迎したソ連は、西ドイツに武力不行使協定の締結を提案した。同条約の締結に向けて、ブラントは、六九年一一月には核不拡散条約（NPT）への参加を決定した。西ドイツは核武装しないという姿勢をソ連に示そうとしたのである。そして七〇年八月、両国はモスクワ条約に調印した。武力による東西ドイツ国境の変更を否定するこの条約は、ドイツ分断を事実上承認するものであった。

ヨーロッパ統合の進展

東方政策が推進されていたのと同じころには、ヨーロッパ統合を強化する動きも見られた。一九五七年のローマ条約により発足したヨーロッパ経済共同体（EEC）、欧州石炭鉄鋼共同体（ECSC）、欧州原子力共同体（ユーラトム）の三つの行政機構は六七年に統合され、欧州共同体（EC）となった。

六九年一二月にオランダのハーグで開催されたEC諸国首脳会議では、さらなる共通市場の発展をめざす「完成」、通貨問題や政治協力の発展をめざす「深化」、イギリスをはじめとする加盟国の「拡大」を打ち出すコミュニケが採択された。さらに七〇年一〇月には、このハーグの精神に基づき、EC加盟国間の外交政策の調整をめざすヨーロッパ政治協力（EPC）が発足した。七三年一月にはイギリス、アイルランド、デンマークのEC加盟も実現する。

EPCに特に積極的であったのが西ドイツである。東方外交によって西ドイツと東側が接近することで、NATOやECに基礎を置く西側の結束は弱まるのではないか。こうしたEC諸国の懸念を承知していたブラントは、ハーグ首脳会議の成功に尽力し、EPCにも積極的な姿勢を示した。EPCに対する西ドイツの関与を強化することで、東方政策をEC諸国に受け入れやすくしようと考えたのだ。

第3章で見たように、ヨーロッパ統合は、ドイツのパワーを管理するための枠組みとして四〇年代末にスタートしたものである。その二〇年後、東方外交への対応に際しても、統合はドイツへの懸念を和らげる効果を持ったといえるだろう。

ドイツ・ベルリン問題の暫定的解決

ドイツをめぐって東西関係が安定化するためには、独ソ条約だけでは不十分であった。繰り返し東西対立の発火点となってきたベルリン、そして東西両ドイツに関する合意が必要だったからだ。興味深いのは、このヨーロッパにおけるベルリン交渉が、アジアを中心とする米中ソ・デタント（後述）と相互作用を持ちながら展開されたことだ。

ベルリン交渉は、一九七〇年にモスクワ条約が締結された後すぐに始まったが、なかなか進展しなかった。ソ連が遅延戦術をとっていたからである。この時期、ニクソン政権で国家安全保障問題特別補佐官を務めていたヘンリー・キッシンジャーは、ソ連側と米ソ首脳会談の可能性について協議していた。アメリカが首脳会談を欲していると考えたソ連は、ベルリン交渉の進展を米ソ首脳会談開催の条件とすることで、交渉を有利に運ぼうとしていた。

しかし、アメリカは対ソ交渉と並行して、中国との和解を進めていた。こうしたアメリカの目論見《もくろみ》は成功し、七一年七月にはキッシンジャーが極秘裏に訪中、翌七二年にニクソンが訪中することが発表された。米中和解の進展に焦りを覚えたブレジネフは、米ソ首脳会談に応じざるを得なくなったのである。

米ソ首脳会談をカードにするというソ連の目論見が頓挫したことで、ベルリン交渉は動き出した。一九七二年六月、ベルリンの現状維持に関する米英仏ソ四カ国協定が締結された。この合意に至る過程で大きな役割を果たしたのは西ドイツである。ベルリンをめぐる公式交渉は、米英仏ソの占領四カ国間で行われたが、重要な問題は米ソと西ドイツの間の秘密チャンネルで扱われた。東西双方のベルリン問題をめぐる立場の相違は、このチャンネルに西ドイツ側から参加していたバールが譲歩案を提示することで大きく進展したのである。

ベルリン四カ国合意が締結されると、東西両ドイツ間の交渉も活性化した。その結果、七二年一二月には東西ドイツ基本条約が締結される。これによって両国は、相互の国境不可侵や領域内での主権尊重に合意した。西ドイツは、自国だけが全ドイツを代表する唯一つの国家だという立場を取り下げ、二つのドイツが互いに承認しあったのだ。また、ドイツ全体に関する米英仏ソ四カ国の権利と責任が留保されること、また将来の再統一の可能性を残すことも確認された。そして、七三年九月、東西ドイツは同時に国連に加盟した。

こうして、一時的に再統一問題を棚上げにし、「二つのドイツ」という「現状」を東西双方が受け入れたことで、ドイツ問題とベルリン問題は「暫定的」に解決されたのである。

ヨーロッパ安全保障協力会議

ドイツ・ベルリン問題が暫定的に解決したことで、一九六〇年代半ばから東側が提案してきた安保会議開催への障害はついに取り除かれた。東西ドイツが互いを承認し、同じ立場で多国間会議に参加することが可能になったからだ。

七三年、東西ヨーロッパ諸国とアメリカ、カナダの三五カ国が参加するヨーロッパ安全保障協力会議（CSCE）がフィンランドの首都ヘルシンキで開催された。会議はその後二年間にわたって続いたが、ここで交渉の方向性に大きな影響を与えたのはEC諸国であった。先に言及したハーグEC外相会議で合意され、七〇年一〇月に発足したEPCの枠組みを通じて、EC諸国は共同でこの問題に取り組むことができたのである。

七五年八月には最終合意文書であるヘルシンキ最終議定書が採択された。これは武力の不行使と国境不可侵、内政不干渉の原則を確認することで、分断されたドイツとヨーロッパの現状を多国間で承認するものであった。つまりソ連と東側は六〇年代半ばから追求してきた目的を達成したのである。

同時に、この文書は、EC諸国が主張してきた、経済文化協力の拡大や人権の原則、人・思想・情報の自由移動に関する規定を含むものでもあった。西側諸国からヨーロッパの現状承認への同意を得るために、ソ連は西側の主張に対して譲歩したのである。西欧諸国が最終議定書に盛り込むことに成功したこうした要素は、その後のヨーロッパ冷戦の展開に大きな影響を与えていくのであるが、この時、ソ連はそれが中長期的に持つ影響について、ほとんど関心を払っていなかった。ソ連の主たる関心は、ヨーロッパにおける現状維持、そして超大国アメリカとの関係にあったからである。

2 米中接近と超大国デタント

グアム・ドクトリン

第二次世界大戦後の最初の二〇年間、アメリカは軍事・政治・経済すべての面において、圧倒的な優位を誇っていた。しかし、一九六九年一月、共和党のリチャード・ニクソンが大統領に就任した時、アメリカの優越的な地位は揺らぎつつあった。大戦で荒廃し、アメリカが支援してきた西欧諸国と日本は、戦後最初の四半世紀で再建され、いまやアメリカ経済のライバルになっていた。加えて、ベトナム戦費のために対外支出が増大し、国際収支も悪化していた。また、キューバ危機後、ソ連が核軍拡を続けた結果、六〇年代末までに米ソの核戦力は「均等（パリティ）」に達したと考えられるようにもなっていた。

ニクソンは、こうしたアメリカの優位の揺らぎを十分に認識していた。そこで彼は、ハーバード大学の国際政治学の教授であったヘンリー・キッシンジャー国家安全保障問題特別補佐官とともに対外政策の方向性を大きく変え、それによってアメリカの優位を維持しようとしていく。そのためにはまず、ベトナムの泥沼から脱出しなければならなかった。

六九年七月、ニクソンはグアム島での記者会見で新しいアジア戦略を発表した。それは、(一)アメリカは条約で約束した同盟国への防衛関与は維持するし、(二)拡大抑止も引き続き提供するが、(三)核保有国の脅威に曝される場合を除いて、アジア諸国は自身が第一義的な防衛責任を負うべきである、というものであった。ニクソンは、アメリカのアジア関与を低減させ、同盟国により多くの防衛負担を求める姿勢を示したのだ。

「グアム・ドクトリン」として知られるこの方針に基づき、これ以降ニクソンは、南ベトナム軍に防衛責任を移譲し、徐々に米軍を撤退させていった。六九年春に五四万人を超えていたベトナムの米軍は、七二年秋には約六万人まで削減されていた。この「ベトナム化」政策と並行して、キッシンジャーは北ベトナムとの休戦交渉を進め、七三年一月にはパリ和平協定が締結される。

対ソ戦略としての米中和解

ニクソンとキッシンジャーは、「デタント政策」として知られる対ソ戦略を追求した。デタント政策の要諦は「交渉による対ソ封じ込め」にあった。ソ連は、核戦力でようやくアメリカに追いつき、国内経済問題にも直面している。それゆえ、核軍拡競争の抑制や西側との貿易拡大に関心を持っているはずだ。だとすれば、これらの問題でアメリカが利益を与えれば、アメリカが作り上げた国際秩序への挑戦——例えば、第三世界への介入など——を自制するようソ連を仕向けることができるはずだ。ソ連がおとなしくなれば、アメリカの優越を維持することも可能になる。これがデタント政策の基本的な発想であった。

だが、ニクソンの思惑どおりに事は運ばない。ソ連は、一九六九年一一月から米ソ戦略兵器制限交渉（SALT）を開始することには合意したが、交渉は停滞した。ブレジネフは時間を稼いでいた。彼は、簡単にニクソンの術中にはまるつもりも、第三世界の革命勢力の支援をやめるつもりもなかった。対ソ・デタントを成功させ、七二年大統領選での勝利につなげることを考えていたニクソンは次第に焦り始めた。

そこでニクソンが用いようとしたのが中国である。中ソ対立のさなかニクソンは、両国が対米関係改善をめぐって互いに競いあうことを期待していた。大統領に就任した当初から彼は、中国に関係改善のシグナルを送っていた。中国とインドの国境紛争（六二年：第6章）の後に中国と接近していたパキスタンや、東欧でソ連から離れた独自外交を展開していたルーマニア（第7章）を訪問した際には、両国の首脳に対して、自身が対中関係改善を望んでいると毛沢東に伝えるよう依頼している。

対外政策の転換を模索していたのは中国も同じであった。ソ連のチェコスロヴァキア侵攻、中ソ軍事衝突を経て、いまやソ連は中国の主要敵となっていた。しかし、毛沢東は対中接近を求めるニクソンへの疑念をなかなか払拭《ふっしょく》できなかった。毛沢東がようやく腹を決め、ニクソンを中国に招待したのは七一年四月のことであった。

七一年七月、パキスタン訪問中のキッシンジャーは体調不良を理由に、一日静養日を設けた。実はこの日キッシンジャーは、ニクソン訪中の事前折衝のためひそかに北京へと飛んでいた。キッシンジャーの帰国後、ニクソンは、翌年の訪中を発表して世界にセンセーションを巻き起こした。

七二年二月にアメリカ大統領として初めて訪中したニクソンは、毛沢東、周恩来らと会談した。最大の難問は台湾であった。中国側は、台湾が中国の領土であり、台湾問題が中国の国内問題であるとの立場に立っており、台湾地域からの米軍撤退も望んでいた。だが、五四年の米華条約（第4章）で台湾防衛を約束していたアメリカにとって、これは容易に譲歩できる問題ではなかった。また後述するように、近年の研究では、日本の台湾に対する影響力拡大に、中国が強い危惧を抱いていたことも指摘されている。

しかし両国は妥協を重ね、上海コミュニケを発表することができた。この米中共同宣言においてアメリカは、「台湾海峡の両側のすべての中国人が、中国はただ一つであり、台湾は中国の一部分であると主張していることを認識し」「中国人自らによる台湾問題の平和的解決についての米国政府の関心を再確認する」との立場を示した。同時にこの宣言では、「この地域の緊張が緩和するに従い、台湾の米国軍隊と軍事施設を漸進的に減少させるであろう」として、少なくとも当面の間、アメリカが国府防衛への関与を続けることも明言された。双方が既存の立場を維持することを可能にする文言を捻《ひね》り出すことで、米中は和解を達成した。そして、この劇的な米中接近が、米ソの関係改善を後押しすることになる。

米ソ首脳会談の成果

米中接近により、対米接近の機会を失うのではないかと焦ったブレジネフは、対米合意へと舵《かじ》を切った。中国訪問からわずか三ヵ月で、ニクソンは訪ソを実現した。会談を終えた米ソ首脳は、戦略核ミサイルの保有数に上限を課すSALT条約や、相互確証破壊（MAD）の安定を損なうと考えられた弾道弾迎撃ミサイル（ABM）の配備を制限するABM条約（第7章）、核戦争の防止や国益の一方的追求の自制に努めることなどをうたった米ソ関係基本原則、経済交流協定の締結に合意したことを発表した。

さらに七三年六月にはブレジネフが訪米し、米ソ間では核戦争防止協定が締結された。これによって米ソ超大国は、相互に、またその同盟国に対して核兵器による威嚇を行わないこと、また核戦争の可能性が高まった場合には緊急協議を行い、その危険を回避することなどを約束したのである。

このようにニクソン政権のデタント政策は一定の成功を収め、米中ソ関係も大きな変化を遂げた。そして、それは東アジアの国際環境にも大きな影響を与えていく。この点を、ジョンソン政権期へと少し時間を戻し、沖縄をめぐる日米関係から順番に確認していこう。

3　米中ソ関係と東アジア

沖縄の施政権返還

ベトナム情勢が悪化しつつあった一九六〇年代後半、日米間で争点となったのが沖縄の施政権返還問題（以下、沖縄返還問題）である。

サンフランシスコ講和条約（第3章）締結後も沖縄は、アメリカの統治下に置かれ続けていた。他方、六〇年代半ばまでに日本本土は高度成長期に入り、六四年には東京五輪も開催されている。敗戦からの急速な復興に国民は自信を深め、ナショナリズムも高まっていた。六〇年代後半、世界的にベトナム反戦の声が高まると、日本本土でも沖縄米軍基地がベトナム戦争に使用されていることへの反発が強まり、沖縄の日本復帰を求める声も高まった。六四年に首相に就任した佐藤栄作は、翌年から沖縄返還問題に本格的に取り組み始めた。

六五年はアメリカがベトナム介入を本格化させた年にあたる。それゆえワシントンでは、沖縄の米軍基地は、対中抑止やベトナムでの作戦行動上重要だという意見が、軍部を中心に強かった。その一方、国務省を中心に沖縄問題の早期解決を主張する声もあった。日本本土でナショナリズムやベトナム反戦運動、沖縄返還要求の声が高まるなか、安保改定（六〇年：第6章）で設定された条約期限の七〇年が迫りつつあった。国務省などで、沖縄返還問題が安保条約延長に与える悪影響が不安視されていたのはそのためである。

こうしたなか、六七年一一月に訪米した佐藤は、ジョンソン大統領との会談で「両三年内」を返還の時期とすることで合意した。六九年春から始まった日米交渉で問題となったのが、返還後の沖縄米軍基地の使用条件である。具体的には、米軍による緊急時の沖縄への核兵器の持ち込みと、沖縄から他国への作戦行動に際しての事前協議が問題となった。

この二つの問題に関するアメリカの方針は、朝鮮半島や台湾海峡、ベトナムでの作戦行動のために沖縄基地を使用する自由を最大限確保し、さらに、有事に沖縄に核兵器を持ち込む権利を得られれば、核兵器を撤去したうえで沖縄を返還するというものであった。日米交渉でもアメリカ側は、緊急時のこうした行動を認める公開・非公開の特別取り決めの締結を日本側に求めていく。

このようなアメリカの態度は六九年三月に佐藤が発表した、「核抜き・本土並み」という返還方針と相いれないものであった。これは、返還に際して沖縄から核兵器は撤去される、また、安保条約は本土と同じように沖縄に適用されるので沖縄からの作戦行動は事前協議の対象となるというものであった。こうした方針は、六七年一二月に佐藤が発表した非核三原則（核兵器を「保有しない、製造しない、持ち込ませない」）に基づくと同時に、「核抜き・本土並み」返還を求める世論を受けてのものであった。

事前協議の問題についても、日本側は苦しい立場に立たされた。日本の安全にとって最も重要な朝鮮半島はともかく、台湾やベトナムでの有事についてまで「事前協議において必ずアメリカの軍事的要請を満たす」という姿勢を明らかにしたくはなかったからだ。だが、沖縄返還の実現に向けて、アメリカがグアム・ドクトリンで求めた負担分担に、前向きに応じる姿勢を示す必要もあった。

「核抜き・本土並み」の実現と「密約」

沖縄返還交渉は難航した。だが、最終的に日本側は、概《おおむ》ねその交渉方針を貫徹することができた。一九六九年一一月、佐藤は訪米しニクソンとの首脳会談に臨んだ。そして会談後の共同声明で両者は、七二年五月に「核抜き・本土並み」で沖縄が返還されることを発表した。また、この声明では、韓国と台湾地域の安全が、日本の安全にとって重要な意味を持つことうたわれた(それぞれ「韓国条項」と「台湾条項」として知られている)。

そして、共同声明発表後の演説で佐藤は、朝鮮有事の際の事前協議では、日本が米側の要請に前向きに回答するとの姿勢も明らかにした(なお、これにより第6章で言及した、六〇年の「朝鮮議事録」は事実上失効した)。しかし、台湾有事に関する佐藤の言及は、朝鮮半島についてのそれと比してトーンダウンしたものであった。また、ベトナムについては言質を与えない表現にとどめられている。つまり、負担分担に関するアメリカの立場に配慮しつつも、事前協議については自らの立場を維持する姿勢を日本は示したのだ。

核持ち込み問題についてはどうだったか。共同声明の発表に先立って佐藤とニクソンは、緊急時に沖縄への核持ち込みを認める秘密合意議事録に署名していた。六〇年の安保改定の際と同じように、日米両政府は、米軍の軍事的要請と、非核三原則を支持し「核抜き・本土並み」返還を求める国内世論の間で板挟みになった。沖縄返還を達成し、日米安保体制を維持するため、日米の首脳は再び「密約」を用いたのである。

日中国交正常化

沖縄返還後、日本にとって重要案件となったのが中国との国交回復である。一九六〇年代半ばから日中関係は悪化していた。経済問題をめぐる対立に加えて、文化大革命で混乱する中国が核軍備の強化を進めていることを佐藤は危惧していた。中国の方でも、台湾に対する日本の影響力拡大を懸念していた。先述した六九年一一月の日米共同声明で日本が、朝鮮と台湾の安全を重要視しているという姿勢を示したからであった。

七一年六月、周恩来首相は、国交回復のために日本が受け入れるべき「復交三原則」を提示した。それは、（一）中国（中華人民共和国）が「中国」全体を代表する唯一の合法政府である、（二）台湾は中国の不可分の一部である、（三）日華平和条約は廃棄する、というものであった。その狙いは、台湾に対する日本の影響力を削《そ》ぐことにあった。

日中関係の前途は多難であったが、米中ソ関係の展開が、次の二つの面で日中関係の改善を促すことになった。第一に、米中和解により、アメリカが日中関係の改善に強く反対する可能性が低下したことである。第二に、米中和解の結果、ソ連が対日関係の改善を志向するようになり、転じて、それが中国の対日接近を後押ししたことである。米中和解が日米中による対ソ包囲網の形成につながることを恐れたソ連は、日本に近づこうとした。その結果、七二年一月にはアンドレイ・グロムイコ外相の訪日が実現する。こうしたソ連の対日外交が、今度は、中国を負けじと対日接近へと駆り立てたのである。

七二年七月に田中角栄《たなかかくえい》が首相に就任すると、中国は、新政権との国交正常化に向けて一気に動き始める。同月、中国は訪日団を派遣し、大平正芳外相に復交三原則を国交正常化の前提条件としないと伝えた。中国は、対日姿勢を大きく転換することを示したのだ。周恩来は、七月後半に訪中した公明党の竹入義勝《たけいりよしかつ》委員長に対して、これまで中国が批判してきた日米安保条約や、六九年日米共同声明の「台湾条項」について柔軟な姿勢をとると述べた。さらに周恩来は、日中戦争における「賠償請求権」を放棄することも併せて伝えている。日中国交回復交渉を詳細に研究した井上正也が指摘するように、中国は多くの問題で譲歩し、日華間の外交関係断絶だけを条件に、国交回復に踏み切るよう日本の「決意を促した」のだ。

竹入の報告は田中に訪中を決断させた。ただし、日中国交回復が対米関係を損なうことは避けなければならない。アメリカ側は、日中国交正常化を阻止することはできないと思いつつも、台湾・朝鮮半島の有事における基地使用を依然重視していたのだ。八月末にニクソンと会談した田中は、日中関係改善が日米関係に悪影響をもたらすことはないと説得した。

九月末に田中は、大平外相とともに、日本の首相として初めて訪中した。最終的に日本は国府と断交することになったものの、それでも国府とは経済面などでの実質的な関係を維持しながら中国との国交回復を達成したのである。

停滞する日ソ関係

日中関係と対照的な軌跡を描いたのが日ソ関係である。両国間には一九五六年の国交回復交渉で未解決のままとなった北方領土と平和条約という、二つの問題が横たわっていた。第4章で見たように、五六年の日ソ共同宣言でソ連は、平和条約締結後に歯舞《はぼまい》・色丹《しこたん》の二島を日本に引き渡すことに合意していた。その後安保改定が問題となると、六〇年一月にソ連は、共同宣言で合意された二島返還の条件に、日本からの全外国軍隊、つまり米軍の撤兵という

田中・ブレジネフ会談。左から田中、１人おいてブレジネフ、コスイギン、グロムイコ（1973年10月）

条件をつけて、これを反故《ほご》にする態度をとった。

だが米中・日中関係の変化が、ソ連の対日政策にも影響を与えた。前述したように、七二年一月末にはグロムイコ外相が訪日したが、その直前、ソ連共産党指導部は領土問題を二島引き渡しで処理する方針を決定していた。日米中接近に懸念を抱くソ連は、領土問題をテコに日本を引き寄せようとしたのだ。訪日したグロムイコは、佐藤首相と二人きりでの会談でこの提案を持ち出した。しかし佐藤はこれを受け入れなかった。

ソ連は日中国交回復に対して批判的な態度をとったものの、七二年末から再び日ソ交渉に前向きな姿勢を示すようになる。日本側も、領土問題を解決して平和条約を締結するチャンスを見いだしていた。このころまで日本は、世界第二位の経済大国となっていた。そのため、五〇年代よりも遥かに強い立場からソ連との領土交渉に臨めると判断されたのだ。田中も対ソ関係打開に意欲を見せた。七三年三月のブレジネフ宛て親書で田中は、領土問題が解決すれば、長期の経済協力に応じる用意があるとの姿勢を示した。

日ソ関係の展開に危惧を抱いた米中両国は、それぞれ日本を牽制するような動きを見せた。七三年一月に周恩来は、訪中した自民党議員に対して、中国は北方四島だけでなく千島《ちしま》列島全体について日本の領有権を支持すると告げた。またニクソンも、同年七月に訪米した田中に、アメリカが沖縄を返還したように、ソ連も北方四島を返還すべきだと主張するようけしかけた。

しかし、米中の懸念は杞憂《きゆう》に終わる。七三年一〇月に田中は訪ソした。五六年の鳩山一郎《はとやまいちろう》（第4章）以来、初めての日ソ首脳会談であった。七〇年代の日中ソ関係を分析した若月秀和によれば、田中は、北方四島の返還が平和条約締結の条件であり、領土問題が解決しなければ経済協力にも応じないとの姿勢で会談に臨んでいた。対するソ連側は経済協力の取りつけを最も重視し、平和条約・領土問題から交渉の焦点をずらそうとする。結局、一七年ぶりの会談は何ら前向きな成果を生むことなく終幕した。

モスクワ訪問後も田中政権は、日米安保体制と日中友好関係の維持を前提に対ソ関係改善を試みた。しかし成功しないまま、七四年秋、金脈問題で田中は退陣に追い込まれた。

米中和解と朝鮮半島

アメリカのアジア戦略の転換と米中ソ・デタントは朝鮮半島にも大きく作用した。前章で見たように、韓国は在韓米軍の削減を防ぐためにベトナム派兵に応じたのだが、一九六〇年代末には再び、在韓米軍撤退の可能性が議論され始める。青瓦台襲撃未遂事件やプエブロ号事件で、韓国や北朝鮮によって戦争に巻き込まれる危険性を認識したジョンソン政権が、六八年末までに、在韓米軍を縮小・撤退させる方針を固めたからだ。こうした方針はニクソン政権に引き継がれ、七一年三月には在韓米軍の一部撤退も完了した。しかも、ニクソンはさらなる削減を視野に入れていた。

ただし、米軍を縮小してもアメリカは、韓国防衛への関与を続ける意志があることを示さなければならなかった。そこで活用されたのが、六九年一一月の日米共同声明における「韓国条項」と「台湾条項」である。朝鮮半島や台湾海峡有事の際の米軍の行動に対する日本の協力を明確にすることで、在日米軍が韓国・国府防衛のために効果的に運用されること、つまりアメリカの対韓関与が確認されたのだ。

在韓米軍の問題は米中和解の過程でも重要な論点となった。朝鮮戦争以降、在韓米軍は北朝鮮のみならず、中国の脅威に対する抑止力としても配備されていた。それゆえ、在韓米軍の削減はグアム・ドクトリンに基づく対外関与縮小の表れであると同時に、中国に対する関係改善のシグナルでもあった。七一年七月の訪中の際にキッシンジャーは、在韓米軍を完全撤退させる可能性を周恩来に匂わせている。興味深いことに、この会談で周恩来は、在韓米軍撤退を主張しつつも、米軍が撤退すれば日本が再び軍事大国となって朝鮮半島への介入を強化する危険性を強調している。すなわち米中は、在韓米軍が一定水準で維持されることに共通利益を見いだしていたのだ。

翌年二月のニクソン訪中に際して、米中はそれぞれが韓国と北朝鮮を「抑制」すべく、協調して「影響力を行使」することに合意した。米中和解の妨げにならないように、朝鮮半島の休戦体制を安定化させるというのである。また両国は、当面、在韓米軍を維持することでも合意した。

この問題を詳細に検討した李東俊によれば、米中和解の過程で両国は在韓米軍の機能を再定義したという。つまり在韓米軍は、韓国の暴発を抑え、日本の軍国主義化と朝鮮半島介入を防止し、さらにソ連を抑止する手段となったのだ。米中が、日本、韓国、北朝鮮を共同でコントロールすることで、朝鮮半島の安定が図られたのである。

さらに、キッシンジャーは南北「クロス承認」によってこうした構図を制度化させることをめざしていた。東側の中ソが西側の韓国を、西側の日米が東側の北朝鮮を、それぞれ「クロス（交差）」するように外交承認するのだ。しかし、事態は彼の思惑どおりには展開しなかった。

南北対話の試み

米中ソ関係が大きく変化するなか、北朝鮮は難しい舵取りを迫られていた。北朝鮮は一九六九年一一月の日米共同声明を強く批判した。前章で見たように、北朝鮮は韓米日の関係強化に懸念を抱いていたが、同声明の韓国条項は、朝鮮半島において日本の軍事的役割が拡大することへの危惧をさらに強めたのである。

六九年に入ると北朝鮮は、六五年以来悪化していた中国との関係改善に力を入れていく。韓米日の脅威に南側で直面する北朝鮮には、北側で中国とも対立する余裕はなかった。さらに七一年夏以降、北朝鮮は米中和解を支持するようになる。対中関係改善をめざすアメリカが台湾の安全保障を軽視する態度をとったため、朝鮮半島でも在韓米軍が撤退する可能性があると考えられたのだ。そこで、北朝鮮指導部は、中国と緊密な関係を維持し、米中交渉に自らの立場を織り込んでいくことで在韓米軍撤退の実現を図ろうとしていく。

他方、七〇年八月の演説で朴正熙は、南北の体制のどちらが人々によりよい生活を提供できるかという「善意の競争」を提案した。それは六〇年代に大きな経済発展を成し遂げて自信を深めた韓国が、西ドイツの東方政策からヒントを得て提案したものであった。北朝鮮側もこれに応じる姿勢を見せ、七一年九月からは両国間の対話が始まる。それは「統一は外国勢力に依存するかまたは干渉を受けることなく自主的に解決すべきである」とうたう、七二年七月の南北共同声明へとつながった。

韓国政治研究者の木宮正史によれば、朴正熙と金日成による南北対話への取組は、東アジアのデタントという大国間関係の変化への「順応」のみならず、朝鮮半島情勢に関する主導権を自ら握ることで、大国に自らの運命を左右されることへの「反発」を示したものであった。また北朝鮮は、南北対話を通じて緊張緩和の雰囲気を醸成し、それを駐韓国連軍――つまり在韓米軍――撤退に関する国連決議の採択へとつなげようとしていた。

「似て非なる関係」

だが共同声明の発表後、南北対話は停滞する。こうしたなか、七三年六月、朴正熙は南北国連同時加盟を認め、東側諸国との関係改善を求める声明を出す。それまで韓国は、南北統一を求める「一つのコリア」政策を志向し、北朝鮮と国交を持つ東側諸国との外交関係を拒否する態度をとっていた。しかし、朴声明で韓国は「二つのコリア」政策へと転換する姿勢を示したのだ。それは、「二つのドイツ」を認め、ハルシュタイン・ドクトリンを放棄することで東西ドイツの関係を変化させた西ドイツの東方政策を参考にしたものであった。

すぐに北朝鮮は朴声明を拒否する姿勢を示した。北朝鮮にとって南北国連同時加盟は分断の固定化を意味したからだ。韓国が「二つのコリア」へと転換する一方、北朝鮮は「一つのコリア」を主張し続けたため南北対話は行き詰まった。「二つのドイツ」を受け入れて関係改善を達成した東西ドイツと、南北朝鮮は正反対の方向へと進んだのである。七〇年代初頭の東西ドイツと南北朝鮮を比較した論文で山本健《やまもとたけし》が指摘するように、東西ドイツと南北朝鮮は「似て非なる関係」であった。

キッシンジャーの「クロス承認」構想も当然ながら失敗した。韓国の新方針は「クロス承認」を可能とするものだったが、北朝鮮はそうではなかった。韓国のアプローチに対しては、中ソも冷淡であった。中ソ対立を背景に、両国とも、北朝鮮との関係を悪化させたくはなかった。しかも中国にとっては、対韓関係を改善し「一つのコリア」の原則から逸脱することは、中国と台湾は「一つの中国」だという自身の主張を損ないかねなかった。

七三年秋、北朝鮮は第二八回国連総会に臨んだ。南北対話と並行して、北朝鮮が中国を通じて在韓米軍撤退を求めたのは、それが国連総会決議へとつながることを期待していたからである。しかし、北朝鮮の思惑は実現しなかった。米中が、朝鮮半島の国連軍撤退決議の票決を回避するため、共同行動をとったからだ。それは、先述したような理由から在韓米軍の維持を望んでいた米中――そして韓国――の妥協の産物であった。

このように米中ソのデタントは米中和解を促し、転じて、朝鮮半島の休戦体制を「現状」として維持する効果を持った。その過程で、中国を通じた在韓米軍撤退の実現に限界を見た北朝鮮は、七四年以降、アメリカとの直接交渉を求めるようになる。これは、核危機を引き起こすことで対米交渉を図ろうとする現在の北朝鮮外交にもつながっているのである。

4 グローバル経済の成長

東西の経済的分断

前節まで、デタントが進展した一九七〇年代の冷戦の姿を描いてきた。ここで、この国際政治のドラマの背後で進行していた、経済面での重要な変化について見ておきたい。なぜなら、こうした経済的な変化が、七〇年代後半から冷戦が終わる九〇年代初めまでの冷戦の展開に重要な影響を与えていくからである。

第2章から第4章にかけて見たように、四〇年代半ばから五〇年代半ばには、東西間の経済的分断が進んだ。第二次大戦中からアメリカは、強大な経済力を用いてブレトンウッズ体制の構築を図った。そこで枢要な位置を占めることが想定されていたソ連は、同体制への参加を見送った。その後、ヨーロッパで対立が進展すると、西側は西ドイツを中心に西欧経済の復興を図り、ソ連も東欧にスターリン体制を押しつけて政治・経済的支配を強化していった。その結果、東側経済はアメリカを中心とする世界市場から切り離され、自給自足的な傾向を強めていった。

このような東側経済のあり方は西側の封じ込め政策の産物でもあった。四九年に西側は、対共産圏輸出統制委員会（ココム）を設置して、戦略物資や技術の輸出規制を開始した。朝鮮戦争開始後の五二年になると、アメリカは、ココムの下部組織として「中国委員会（「チンコム」の略称で知られるChina Committee)」を設置し、東欧諸国に対するよりも厳しい輸出統制を実施していったのである。

西側経済の「黄金時代」

歴史家エリック・ホブズボームはその浩瀚《こうかん》な『20世紀の歴史』のなかで、第二次世界大戦後の四半世紀が西側諸国にとって「黄金時代」であったと指摘している。それは西側諸国が未曽有の経済発展と物質的豊かさを経験した時代であった。

第2章でも見たように、ブレトンウッズ体制は、「自由で開放的」な国際経済秩序がもたらす国際的な安定と、「大きな国家」による各国の国内的な安定の両立をめざしたものであった。こうした国際経済の枠組みのなかで、西側諸国は「福祉国家」の実現をめざした。それは市場における経済活動と、そこから生み出される富の再分配に政府が介入することにより、経済成長を持続させ、国民に経済的繁栄を保障しようとするものであった。

経済運営と社会福祉の両面で様々な役割を果たす「大きな政府」の存在を前提とする政治・経済運営はうまく機能し、アメリカやカナダ、西欧諸国、日本は、一九六〇年代初めまでに経済成長がもたらす物質的な豊かさと、完全雇用、社会福祉を享受できるようになった。

またこの時期には、かつては裕福な一部の人々のみのものであった品物やサービスが、一般大衆に向けて大量に生産されるようになった。それは冷蔵庫や洗濯機、電話機などの家電製品から、大衆向けツアー旅行にまで及んだ。こうした西側の先進諸国の経済発展に大きく貢献したのが技術革新である。例えばそれは、大量かつ多種多様なプラスチック製品を生み出した。また、トランジスタや、それに続く小型化された電子回路、磁気テープの発明により、小型ラジオからテレビ、ビデオレコーダーといった製品も一般家庭に広がった。

技術革新はさらに中心的な産業分野の転換を促した。四七年のトランジスタの発明から、電子部品の技術開発は急速に進み、コンピューターやその関連分野の技術開発が加速した。コンピューターの高速化・小型化も進み、それを内蔵部品とする自動車や家電など様々な電子製品が生み出された。さらに七〇年代末までにはプログラムに基づいてコンピューターを設計や製造作業に利用することも可能になった。西側では、いわゆる「ハイテク」分野が産業構造の中心となっていった。だが、後述するように、東側諸国経済はこうした新しい経済動向に対応できる体制にはなかった。

「封じ込め」の経済コスト

経済発展モデルの優劣を競う争いでもあった冷戦を戦ううえで、黄金時代を謳歌する経済的繁栄は西側にとっての大きな武器であった。西欧や日本が経済復興、そして発展を達成するうえではアメリカの助力も大きかった。西欧に対してアメリカは、マーシャル・プランを供与して経済復興を促し、ローマ条約の締結とEEC成立へと至るヨーロッパ統合を強く支持した。日本に対しても自国の巨大市場を開放し、国際通貨基金(IMF)や国際復興開発銀行(IBRD)、また「関税と貿易に関する一般協定(GATT)」加盟を後押しした。それは、もちろん冷戦戦略上の考慮に基づいたものであり、西側諸国の経済的発展は、アメリカの封じ込め戦略の成功の一端を示していた。

とはいえ、中長期的な視点で見た時、アメリカの封じ込め戦略は経済的コストを伴うものでもあった。西欧と日本の経済的躍進、対米貿易の伸びは、次第にアメリカの国際収支を悪化させていった。また、日欧は貿易で獲得したドルを金と兌換《だかん》するように求めたので、アメリカの金準備も縮小していった。世界各地に展開されていた米軍の駐留経費も、国際収支の悪化と金準備の流出を促す要因であった。こうした傾向は、莫大なベトナム戦費によってさらに強化された。一九六〇年代末までに、財政収支と国際収支の悪化、そして金流出は、アメリカにとって待ったなしの問題となった。

こうした問題をさらに複雑にしたのが国境を越える通貨や資本の移動である。六〇年代終わりまでに米ドルは投機の対象となり、国家や中央銀行によるコントロールが困難になりつつあった。国境を越えてモノやカネ、ヒト、情報が大量に移動することをグローバル化の特徴と捉えるならば、このころまでにある程度グローバル化が進んだ通貨の流れが、アメリカの金・ドル兌換によって支えられたブレトンウッズ体制を揺さぶり、不安定化させていたといえるだろう。

七一年八月、ニクソン政権は金・ドル兌換の停止を発表した。相対的な経済力を大きく低下させたアメリカは、ブレトンウッズ体制を支える力を失っていた。デタント政策やグアム・ドクトリン、ベトナム撤退といった対外政策の変化の背後に、経済的考慮があったことはすでに指摘したとおりである。

その後、数年を経て、七六年までに世界の通貨システムは、ブレトンウッズ体制下の固定相場制から、現在と同じ変動相場制に移行した。封じ込め政策の高いコストは、国際経済のグローバル化と相まって、アメリカの冷戦政策と通貨・金融政策を大きく変えた。ブレトンウッズ体制の終わりは、六〇年代末までに世界経済のグローバル化が進んだ一つの帰結であり、その後さらにグローバル化が進む出発点でもあった。

グローバル化する西側経済

西側経済のグローバル化は、一九七〇年代後半から八〇年代にかけてさらに加速していった。グローバル化に関する入門書のなかで正村俊之《まさむらとしゆき》は、それを推進した重要な要因として、(一)新自由主義政策、(二)金融の自由化と国際化、(三)情報化の三つをあげている。

七〇年代は、国際金融システムが変化すると同時に、戦後奇跡的な発展を遂げた西側経済が曲がり角を迎えた時期でもある。六〇年代後半から西側諸国は、不況(stagnation)とインフレ(inflation)が同時に進むスタグフレーション(stagflation)に見舞われた。「大きな政府」を中心とする政策運営も、インフレと高い公的支出の原因と見なされるようになった。これは後述する七三年の石油危機後、さらに顕著になる。

第二次世界大戦後に主流となっていた政治・経済運営の方針に挑戦し、「新自由主義」として知られる政策方針を掲げる政治家が登場し始めたのは、このような状況下であった。

新自由主義の担い手としては、八一年にアメリカ大統領に就任したロナルド・レーガンと、七九年にイギリスの首相となったマーガレット・サッチャーがよく知られている。彼らの立場は、政府の役割を縮小して「小さな政府」をめざし、市場の力を解放することで経済を活性化させようというものであった。レーガンが就任演説で語った「政府は私たちの問題の解決策ではありません。政府こそが問題なのです」という一節は、彼の新自由主義的な考えを明快に示している。

実際には、レーガン・サッチャーの前任者である民主党のジミー・カーター大統領や、労働党のジェームズ・キャラハン首相の時代から、すでに新自由主義的な政策はとられていた。様々な経済分野で民営化や規制緩和を進めることで、「大きな政府」が果たしてきた公共機能を民間企業の手に委ね、インフレの原因となっていた公共支出を削減することがめざされたのである。すべての資本主義国がこうした政策をとったわけではなかったが、米英が新自由主義を政策の基調に据えたことは、世界に大きなインパクトを与えた。

新自由主義的な規制緩和政策のうち、グローバル化に最も大きな影響を与えたのは金融の自由化である。それ以前に存在していた規制――金融機関による金利の決定や、金融機関の業務内容、また海外企業の金融業務への参入などに対する――がこの時期に段階的に撤廃された結果、国境を越えた金融取引、つまりカネの流れは拡大した。また、コンピューターを通信回線で結んだネットワークが世界を結びつけ、情報化が進展した。そして情報化の進展が、さらなる金融国際化を促していく。こうした進展の背後に、ハイテク化した西側の産業構造があったことはいうまでもないだろう。

このように七〇年代から八〇年代にかけて、新自由主義的な政策のもと、西側経済内部におけるグローバル化が進んでいった。重要なのは、ソ連・東欧もまた、西側の市場経済への依存を高め、そのなかに組み込まれつつあったことだ。それは、西側との貿易や借款を通じて、五〇年代後半から少しずつ進んでいたものであった。

ソ連・東欧による経済改革の試み

スターリンの死後、フルシチョフは経済改革を推し進めた。一九五〇年代にソ連・東欧経済は重化学工業を中心に大きく発展し、その成長率は年八～一〇%にも達した。しかし六〇年代に入ると伸び悩むようになる。

計画経済システムは資本と労働力の集中投下を可能にし、重工業中心の経済成長に大きく貢献した。その一方、軽工業や消費財生産は軽視された。また、生産量のノルマ達成を主たる目的とする計画経済システムでは、企業間競争も行われず、技術革新へのインセンティブを与えるのも難しかった。そのため六〇年代に入ると、重工業分野においてすら、生産技術と製品の質の両面で西側の後塵《こうじん》を拝するようになる。西側産業の中心がハイテク分野へと移行し始めた七〇年代以降、この傾向はさらに強まった。

こうした問題が完全に放置されていたわけではない。五〇年代の終わりから六〇年代にかけて、ソ連・東欧諸国政府は経済改革を試みている。具体的な方策は異なるが、それは、多かれ少なかれ経済政策の意思決定を分権化し、市場経済の要素の導入をめざすものであった。このころまでに西欧社会は豊かな消費生活を謳歌するようになっていた。それゆえ東側の指導者たちは、共産党一党支配の正統性を維持するためにも経済改革を進めようとした。しかし、経済面での分権化や自由化が、共産党一党支配を揺るがしてはならなかった。前章で触れた「プラハの春」は、それを如実に示したのである。

また、五〇年代半ば以降、ソ連・東欧は西側との貿易を望むようになっていた。重工業化をさらに進めるため西側と貿易し、西側の先端技術を獲得することが求められたのだ。加えて、東欧諸国にとって西側との貿易拡大は、東欧を支配するソ連への経済依存を軽減するという政治的な意味もあった。

西側でも、五〇年代半ば以降、西欧諸国を中心に東西貿易を求める声は高まった。より厳しい輸出統制を望むアメリカに対して、西欧諸国はココムの禁輸措置緩和を訴えた。その背後には、貿易拡大による国際収支改善といった経済的理由のみならず、経済関係の拡大によって東欧に対するソ連の影響力を低減させるという、冷戦戦略上の考慮もあった。米欧間の交渉を経て、五八年までにココム禁輸リストは大幅に緩和された。同じ時期には、イタリアがソ連からの石油輸入を開始し、西ドイツもソ連と通商協定を締結している。

また、六〇年代半ばから西ドイツなどが、ソ連・東欧と二国間ベースのデタント政策を進めたことは前章で見たが、経済関係の拡大はその重要な手段となった。六〇年代に東西貿易は飛躍的な伸びを見せた。六〇年には六〇億ドル程度だった貿易総額は、その後の一〇年間で約一六〇億ドルまで拡大した。

「グローバル化」する東欧経済

一九七〇年代前半、東西貿易はさらに拡大する。デタントによって東西関係が安定化したことに加えて、東欧諸国の経済政策が変化したことが重要であった。直接の引き金となったのは、七〇年一二月にポーランドで起きた大規模な労働者ストライキである。政府の食料品価格引き上げに端を発したこの事態は、労働者の生活水準が重要な政治課題であることを示していた。これを受けて東ドイツやポーランド、ハンガリーでは、西側から資金を得て西側の生産技術を導入し、工業生産力を拡大する一方、西側の質の高い消費財を輸入して生活水準を引き上げるという経済戦略がとられていった。

七〇年代前半に東欧経済は大きく成長した。ポーランドやハンガリーでは、輸入品や国内でライセンス生産された西欧諸国の消費財が店頭に並び、両国経済は年率五〜一〇%の勢いで成長していった。輸入代金は西側からの借款や信用供与によってまかなわれた。そのため、この時期、東欧諸国の対外債務は次第に膨れ始める。

このようにデタントが進んだ七〇年代前半、東西貿易と、西側から東欧への資金の貸し付けは大きく伸びた。その結果、東欧経済はさらに西側経済とのつながりを深めていった。冷戦が終焉した九〇年代以降、東欧やソ連の経済は、西側を中心とするグローバルな市場経済に包摂されていくが、「東欧経済のグローバル化」は七〇年代半ばまでにかなりの程度まで進展していたのだ。次章以降で見るように、これが七〇年代後半から八〇年代前半の東欧危機の背景となっていくのである。

東アジアの奇跡

一九七〇年代初めまでには、アジアも大きな経済的変化を経験していた。アジアは、欧米に次ぐ新たな工業生産と経済成長の中心地となりつつあったのだ。この点を、少し時間を遡って確認してみよう。

第2章から第4章にかけて触れたように、アジアにおけるアメリカの封じ込め政策の焦点は日本であった。四〇年代後半からアメリカは、日本を軍事的に保護し、経済復興を優先する政策をとった。朝鮮戦争特需によって日本経済は活性化した。朝鮮戦争の休戦後もアメリカは、巨大な自国市場を日本に開き、GATTやIBRDへの加盟を支援して、日本の国際社会復帰と世界市場参入を促した。アメリカが提供した良好な環境のなかで、日本経済は五〇年代半ばから七〇年代初めまで成長を続け、アジアの経済発展をリードした。

七三年の石油危機（第9章）を境に日本の高度成長は終わりを迎える。このころまでには当時「アジアＮＩＣｓ（新興産業国）」とか「アジア四小龍」とよばれた台湾、韓国、香港、シンガポールが経済的に大きな発展を遂げていた。

日本、そして四小龍が経済的躍進を遂げた背後には、もちろん、それぞれに固有な歴史的背景や文脈がある。しかし、冷戦を背景とする複数の共通要因があったことも見逃せない。『ジャパン・アズ・ナンバーワン』の著作で知られるハーバード大学のエズラ・ヴォーゲルが指摘したとおり、人口密度が高く、天然資源が不足する日本と四小龍には、原材料や食料を輸入し、工業製品を輸出するしか経済発展の道はなかった。そのため政府がリードして輸出主導型の発展戦略がとられたのである。冷戦を戦うためにアメリカが、多額の経済援助や技術支援を行い、自国市場を開放し、開放的な貿易体制を整備したことは、日本と四小龍の経済発展を促進した。また五つの国家・都市は、朝鮮戦争やベトナム戦争の際に、経済的な後背地として、「特需」の恩恵を受けることができた。

さらに四小龍は、経済発展で先行した日本の経験を「モデル」とし、日本経済と結びつくことから利益を得た。例えば韓国は、六五年の日韓条約に基づく数億ドルの経済協力資金を用いて浦項《ポハン》製鉄所を設置し、同社は新日鉄から技術提供を受けて大きく飛躍した。また「日本から部品資材を輸入して韓国で組み立て、その製品をアメリカ市場に輸出する」というパターンが製造業発展の大きな力となった。

七〇年代半ばには、四小龍に少し遅れて、少し前までは第三世界の側にいたタイ、マレーシア、インドネシア、フィリピン、ビルマ（現・ミャンマー）といった東南アジア諸国でも、輸出主導型の経済成長が始まった。こうした（東南アジアを含む）東アジア諸国の経済的飛躍は、後に「東アジアの奇跡」とよばれるようになる。この時期から世界の生産の中心は次第に欧米からアジアへと移っていったが、それは東アジアにおける冷戦と密接に関連していた。しかし冷戦の文脈のなかで、第三世界から経済的に飛躍する国が出てきたことが、その後の冷戦の展開にも影響を与えていくことになる。

分裂する第三世界

一九六〇年代には、第三世界諸国の多くが存在する南半球と、北半球にある先進国の間の経済格差をめぐる「南北問題」が、東西冷戦と並んで国際的な対立構図の焦点となった。南北問題は、主として先進諸国の利益のために作られた第二次世界大戦後の国際経済秩序と無関係ではなかった。そこでは、第三世界から先進国への中心的な輸出品である原材料は安く、先進国が第三世界に輸出する工業製品は高いという、先進国に有利な交易条件が設定されがちであったからだ。

第二次世界大戦後に進んだ技術革新によって資源の効率的な使用が可能になっていくと、第三世界の資源の価値は、工業製品のそれに比して低下した。そして、欧米や日本、新興工業国となった東アジア諸国がハイテク技術を用いた生産へと移行した七〇年代後半以降、原材料価格はさらに下落した。

第三世界諸国も無策であったわけではない。六四年に開催された第一回国連貿易開発会議（UNCTAD）の総会で、発展途上国は七七ヵ国グループ（G77）を結成した。相互協力によって南北問題への発言力を強化するためである。六七年一〇月にはアルジェリアでG77閣僚会議が開催され、「アルジェ憲章」が採択された。それは、途上国に対する先進国の一般特恵関税や、多くの途上国が経済的に依拠する一次産品に対する輸入障壁の撤廃、資源に対する主権回復などを求めるものであった。こうした途上国間の連携は、七四年に国連決議として採択された「新国際経済秩序（NIEO）樹立宣言」によっても示されている。

しかし、七〇年代半ばまでに第三世界は、経済政策の方向性をめぐって分裂し始めていた。それは大きく次の三つに分類できる。一つ目は、輸出主導型の発展戦略をとることで経済的な近代化に成功した、東アジアや東南アジアの国々である。二つ目は、先進諸国が依存する重要資源であった石油を持つ、中東をはじめとする産油国である。産油国は、石油資源を国有化して欧米の石油企業（メジャー）の手から取り戻し、また、互いに連携してその価格を引き上げることで、世界的な原材料価格の下落に抗することができた。三つ目は、資本主義的な国際経済システムのありさまを批判し、ソ連をモデルとする社会主義国家の建設をめざした国々や勢力であり、南部アフリカ諸国などがこれにあたる。

こうした変化は冷戦のなかで二つの意味を持った。まず、次章の冒頭で見ていくように、第三世界における社会主義勢力の台頭を背景に、七〇年代中盤以降この地域をめぐる米ソ対立が先鋭化し、超大国間のデタントが崩壊する一因となったことである。もう一つは、脱植民地化の過程で登場した第三世界諸国の間で、大きな経済格差が生まれ始めたことである。これを「南南問題」の発生と見ることも可能である。ただし、冷戦の文脈で捉えた時、このことは政治勢力としての第三世界の分裂が始まったことを意味していた。非同盟諸国のように、国際システムのなかの政治・経済的な弱者として互いに団結し、東西冷戦と第一・第二世界による支配に批判的な視座を提示してきた勢力の結束が解け始めていたのだ。

七〇年代の終わりまでに、冷戦初期に成立した経済体制は大きく様変わりしていた。東西の政治的分断のなかで成長した西側経済は停滞の時代に入った。他方で、それまでに拡大していた貿易や通貨の流れは、産業構造のハイテク化や新自由主義の台頭と相まって、西側経済のグローバル化を促した。東西貿易の拡大により、東側経済も「グローバル化」の波に洗われ始めていた。第三世界諸国間では、経済的に飛躍した国と、うまく飛翔できないままの国の間で経済的・政治的分断が深まっていた。

七〇年代には、二一世紀に私たちが目の当たりにしているグローバルな市場経済が成長しつつあり、既存の冷戦体制と互いに影響を与えあっていた。この後見ていくように、冷戦は、こうした経済的変動のなかで終わりを迎えていくのである。

第9章

「新冷戦」と放棄される社会主義

ホワイトハウスでムジャーヒディーン勢力と会談するレーガン（1983年2月）

一九七三年以降、デタントは次第にその形を失っていき、七〇年代末に米ソは「新冷戦」とよばれる激しい対立の時代に突入する。米ソ対立の主な舞台はアフリカや中南米、東南アジアといった第三世界であり、各地のローカルな紛争と、米ソ、さらには中国やキューバといった域外国をも交えた対立が交錯して、複雑な様相を見せた。一方、ヨーロッパでは、緊張の昂進《こうしん》と緩和が混在する形で事態が展開していった。

だが八〇年代に入ると、脱冷戦に向けた変化が起き始める。それが生じたのは超大国間でもヨーロッパでもなく、東アジアと第三世界であった。中国の「改革開放」への転換を嚆矢《こうし》として、第三世界の社会主義諸国は市場主義経済志向の改革を進め始めていた。この二つの地域で社会主義は放棄されつつあったのである。

1 行き詰まる超大国デタント

急進化・左傾化する第三世界

前章で見たように、一九七〇年代前半、第三世界は経済政策をめぐって三つの方向へと分裂し始めていた。その最後のカテゴリーにあたる、社会主義国家の建設をめざす国々や勢力は、急進化・左傾化し、アメリカや西側を中心とする世界経済システムを強く批判していた。

各国・政治勢力の指導者たちを触発したのは、キューバとベトナムであった。超大国アメリカに屈することなくゲリラ戦を展開し、社会主義国家の建設をめざしてソ連に支援を求め、大きな成果をあげていたからだ。

こうした第三世界の状況に、ソ連の指導者たちは、全世界の共産主義革命という年来の目標を実現する好機を見いだした。この関連で指摘しておくべきは、ソ連の第三世界への介入について、米ソの間に認識のズレがあったことだ。

七二年五月の首脳会談で米ソは、国益の一方的追及を自制するという米ソ関係基本原則に合意していた（第8章）。この文書によりソ連は、第三世界への介入自制に同意したというのがアメリカの理解であった。だが、ソ連にとってデタントとは、アメリカがついにソ連を「対等」な超大国と認め、ソ連が第三世界の革命勢力を支援し「介入する権利」を得たことを意味していた。というのも、これまで超大国アメリカが、第三世界への介入に関してソ連に相談したことなどなかったからである。

デタントに関する理解のズレもあって、七〇年代には、第三世界をめぐる米ソ対立が激しさを増していった。それは、この時代に急速に進みつつあった経済変動の影響を受けながら展開したものであった。

第四次中東戦争と石油危機

第三世界の冷戦と国際的な経済変動の関わりを如実に示す出来事は、まず中東で発生した。第四次中東戦争と第一次石油危機である。興味深いのは、西側諸国が中東に依存していた石油資源が「武器」として使われたことであろう。

六七年六月、イスラエル軍は、エジプト、ヨルダン、シリアを急襲した。四八年、五六年(スエズ戦争：第5章)に続く三度目のアラブとイスラエルの戦い——第三次中東戦争——である。アラブ側が一週間も持たずに攻略されたため、この戦争は「六日間戦争」とよばれた。この戦いの後、ソ連は、エジプト・シリア両軍を再建するため武器援助を行った。捲土重来《けんどちょうらい》を期した両国は、七三年一〇月六日、再度、イスラエルを攻撃する。

この第四次中東戦争が始まってまもなく、石油輸出国機構(OPEC)は原油価格を引き上げ、アラブ石油輸出国機構(OAPEC)も原油生産量を減らした。OAPECは、石油消費国をアラブへの支持の程度に応じて「友好国」と「敵対国」に分け、前者への石油供給を優先する姿勢を示した。西側諸国にとって高い戦略的価値を有する資源を、アラブ諸国は武器として用いたのだ。

第四次中東戦争は、キューバ・ミサイル危機以来の深刻な核危機でもあった。ユダヤ教徒にとって最も聖なる「贖罪《しょくざい》の日(ヨム・キプール)」に急襲を受けたイスラエルは緒戦で苦境に陥った。ゴルダ・メイア首相は、イスラエルが六〇年代に秘密裏に開発していた核兵器の使用準備命令すら下している。イスラエルを軍事的に支援せざるを得ない状況にアメリカを追い込み、最悪の場合にはアラブ側の全面攻撃に応戦するためであった。

この時ニクソンはウォーターゲート事件（ニクソンの側近が大統領再選運動の関連で引き起こした、盗聴事件をめぐる政治スキャンダル）で隘路《あいろ》に追い込まれていた。それゆえアメリカの対応は、事実上キッシンジャーに委ねられていた。中東情勢を米ソ冷戦の視点から見るキッシンジャーは、イスラエルを支援する決断を下す。イスラエルの敗北はアラブの勝利、つまりソ連の勝利を意味するからであった。

当初劣勢にあったイスラエルは、アメリカが軍事物資を空輸したことで攻勢に転じ、まもなくエジプトとシリアの国境に迫るようになった。ここでブレジネフはニクソンに書簡を送付し、イスラエルが停戦しなければ、ソ連は軍事介入を行うと警告した。

一〇月二五日にニクソンは米軍の警戒態勢を防衛準備段階Ⅲに引き上げる決定を行った。キューバ危機の際に発令されたのと同じレベルである。ソ連が介入すれば、アメリカは核戦争を賭してでも対応すると脅したのだ。その一方でアメリカは、イスラエルに対しても停戦するよう圧力をかけた。

ソ連政府内には、アメリカの威嚇に対して軍を動員すべきだとの意見もあった。だがブレジネフが、アメリカがイスラエルに停戦圧力をかけたことで目的は達せられたとして、これを退け、米ソ直接対決は回避された。それでも、この第四次中東戦争は米ソ・デタントの限界を白日のもとに曝した。両国が、依然として中東を主要な冷戦対立の舞台と見ていること、必要ならば核による脅迫も辞さないことが明らかになったからだ。

ただし、この時点で米ソが、完全にデタントを放棄していたわけではない。七四年八月のニクソン辞任を受けて、副大統領のジェラルド・フォードが大統領に昇格した。一一月、ソ連の極東に位置するウラジオストークで、フォードはブレジネフと会談した。ここで両者は第二次戦略兵器制限条約（SALTⅡ）について基本合意している。核軍備管理の領域において米ソは、依然、デタントを維持するつもりだったのだ。だが、またしても第三世界での出来事が暗雲を投げかける。今度の舞台は南部アフリカであった。

南部アフリカ――内戦・地域紛争・冷戦の交錯

一九七〇年代初め、アフリカの南部のモザンビークとアンゴラは、いまだポルトガルの植民地統治下にあった。両国では、六〇年代から現地勢力による植民地解放のための闘争が戦われていた。モザンビークでは、社会主義者の率いるモザンビーク解放戦線（FRELIMO）が反植民地闘争を主導していた。アンゴラでは、反共・反西欧主義的なアンゴラ民族解

出典：筆者作成

放戦線（FNLA）、社会主義者の率いるアンゴラ解放人民運動（MPLA）、アンゴラ全面独立民族同盟（UNITA）という、立場の異なる三つのグループが反植民地闘争を展開していた。FNLAとUNITAはアメリカから、MPLAはソ連とキューバから、それぞれ支援を受けていた。

アメリカはまた、黒人を激しく差別するアパルトヘイト体制をとる、南アフリカ共和国のことも支援していた。フォード政権では国務長官として外交を主導したキッシンジャーは、南アフリカを対ソ戦略上重要な、地域の「警察官」

と見なしていた。

南アフリカ政府は、アフリカ民族会議（ANC）などを中心とする、人種差別撤廃とアフリカ人解放をめざす運動を厳しく弾圧し、これを反共主義の名のもとに正当化していた。南アフリカ政府は、アパルトヘイト体制を維持し、アフリカ人の解放運動を抑圧するために冷戦を利用していたのだ。ANCは六〇年代半ば以降、その武装組織によるゲリラ戦を展開して抵抗しており、ソ連が援助を行っていた。

七四年にポルトガルでクーデタが発生し、新政権が植民地放棄を決定すると状況は一変する。ポルトガル新政府との間でアンゴラ、モザンビークの独立に向けて交渉が開始される一方、アンゴラでは反植民地闘争を行っていた三グループの間で内戦が勃発した。

南部アフリカにおけるソ連の影響力拡大を阻止するためには、アンゴラでMPLAを排除しなければならない。このように考えたアメリカは、FNLAとUNITAへの支援を拡大する。ソ連もまた、MPLA主導の政府を樹立すべく支援を強化した。米ソの介入により三グループ間の戦いは激化した。

七五年七月、南アフリカのバルタザール・フォルスター首相はアンゴラへの軍事介入を決断した。第一次世界大戦後、南アフリカはその北側に位置するドイツ植民地であったナミビアを占領していたが、ここでは南西アフリカ人民機構（SWAPO）によって南アフリカの支配に対する武装闘争が展開されていた。MPLAの勢力が拡大すれば、SWAPOはナミビアに隣接したアンゴラ領内に基地を設置し、そこから軍事作戦を展開できる。これを阻止することが目的だった。また、フォルスターはMPLAへの軍事作戦を敢行することでアメリカに恩を売り、支持を得たいと考えてもいた。そのなかには、当時、南アフリカ政府が進めていた核兵器開発への支援も含まれていた。

しかし、七六年初めまでにアンゴラでは、MPLAが勝利して政権を獲得することになる。ここで重要な役割を果たしたのがキューバであった。革命への使命感と、南アフリカでアパルトヘイト体制が強化されることへの反発から、七五年一一月にカストロは、ソ連と協議せずにMPLA支援のための大規模な派兵を決断した。当初、米ソ・デタントへの悪影響を恐れて過剰な介入を忌避《きひ》していたソ連も、まもなくキューバ軍の輸送や兵站支援を開始した。これが功を奏してMPLAは権力を勝ち取り、これ以降、MPLA政府はSWAPOとの協力関係を深めていった。また七五年半ばにFRELIMOが権力を獲得して独立を達成したモザンビークは、七七年三月にソ連との友好協力条約に調印した。だが、その後も両国の内戦は、一時的な中断を挟んで冷戦終結期まで続いていくことになる。

このように南部アフリカでの内戦は、(一)各国内部における諸勢力間の内戦や人種差別をめぐる戦い、(二)地域における諸国家間の争い、(三)そこに介入する米ソやキューバという域外勢力の対立、という三つのレベルの対立が絡み合いながら展開していた。こうした複雑な対立構図のなかから米ソ・デタントの限界は露《あら》わになっていった。

人権外交と対ソ政策の矛盾

第三世界をめぐる対立は米ソの内政にも影響を与え、さらなる対立へと両国を駆り立てていく。前述したようにソ連は当初、アンゴラ介入を躊躇《ちゅうちょ》していた。しかし、キューバの単独行動に引き込まれるように介入を拡大していった。また後で見るように、MPLAが政権を獲得した一九七六年初めには、南北ベトナムも統一されて社会主義国家が誕生していた。このアンゴラとベトナムでの「成功」の結果、ソ連指導部内では、第三世界における社会主義の拡大とそこでソ連が果たす役割に関して楽観的な見方がもたれるようになる。

だがソ連の第三世界への介入拡大は、デタント政策を批判するアメリカ国内の政治勢力を後押しすることになった。反デタント派の中心となったのは、ヘンリー・ジャクソン上院議員や、ロナルド・レーガン前カリフォルニア州知事、またトルーマン政権期にNSC68の作成を主導したポール・ニッツェらであった。彼らにとって、ニクソン・フォード政権のデタント政策は対ソ「宥和《ゆうわ》」にほかならなかった。デタントによる米ソ合意にもかかわらず、第三世界ではソ連の拡張的な行動が依然続いている。しかも、実のところSALTはソ連に有利なものであり、その結果アメリカは核戦力でソ連の後塵を拝するようになったではないか。彼らはこうした主張を繰り広げてデタント政策を批判していった。

七六年の大統領選は、国民がデタントに幻滅し、反デタント派の勢力が強まるなかで実施された。現職のフォード大統領は、共和党予備選で反デタント派のレーガンに辛勝したが、最終的には民主党のジミー・カーターに敗北し、アメリカの対ソ外交は新大統領に委ねられた。

ニクソン・フォード政権のデタント政策に対する批判は、その「没道徳的」な性格にも向けられた。ソ連というイデオロギー的な敵と、利害に基づく現実主義的な交渉や取引を行ったことに倫理的な問題があるとされたのだ。こうしたなかカーターは、アメリカ外交の道徳的な指導性の回復を唱え、人権擁護を対外政策の基本的原理とする「人権外交」を掲げた。カーターはまた、第三世界におけるソ連の勢力拡大は断固封じ込めなければならないと確信していた。他方で彼は、対ソ・デタントの維持、とりわけウラジオストーク会談でフォードが大筋合意したSALTⅡを正式に締結することを望んでいた。

アメリカの対ソ封じ込め政策に関する古典的著作のなかで、ジョン・L・ギャディスは、カーターの対ソ政策は、交渉と抑止、さらには人権状況の改善など、ソ連に対して「何もかも一度にやろうとする」ものであったと指摘する。こうした矛盾に満ちた政策がソ連を混乱させたのも無理はない。

例えば、就任後まもなくカーターは、ソ連の高名な物理学者で人権擁護活動や反体制運動のリーダーであったアンドレイ・サハロフ博士に書簡を送ったが、ソ連は内政干渉だとして強く反発した。またカーターは核戦力の「大幅削減」をめざす、新しいSALTⅡをソ連側に提案した。ブレジネフもSALTⅡの締結を望んでいた。だがカーターの新提案は、自身がフォードと合意した内容をアメリカに有利な方向に覆すものと見たブレジネフは、カーター提案を拒絶した。

「アフリカの角」とニカラグアでの対立

カーター政権期には、第三世界をめぐる米ソ対立はさらに深まった。その舞台の一つがエチオピアとソマリアが争う「アフリカの角《つの》」とよばれる地域である。ソマリアでは一九六九年のクーデタでモハメド・シアド・バーレが権力を掌握した。シアド・バーレは社会主義化を進め、ソ連とも同盟を結んだ。またシアド・バーレは、多くのソマリア人が居住していたエチオピアのオガデン地方の領有を主張していた。

エチオピアは第二次世界大戦後、ずっとアメリカの同盟国であった。しかし七四年の革命で政権を掌握したメンギスツ・ハイレ・マリアムは、エチオピアの社会主義化を推進し、ソ連に接近した。アンゴラでの「勝利」をソ連の支援と指導によるものと考えて気をよくしていたソ連指導部は、このチャンスを見逃さなかった。七七年にソ連はエチオピアへの武器売却を開始する。

他方、エチオピアとソ連の接近に危惧を覚えたソマリアは、同盟国ソ連に背を向けて、アメリカに軍事・経済援助を求めるようになる。そして七七年七月、シアド・バーレはオガデン侵攻に踏み切った。カーター政権は直接的な武器供与こそ行わなかったが、サウジアラビアやエジプトといった第三国にソマリアを支援するよう促し、ソ連もエチオピアへの軍事援助を増加した。さらに一一月以降、キューバもソ連と相談したうえで、エチオピア支援のために一万二〇〇〇人以上を派兵した。間接的とはいえ、超大国の関与が「アフリカの角」の紛争を激化させたのである。

さらにカーター政権は、中南米でも大きな困難に直面した。第5章で見たように、三六年からニカラグアでは、アメリカが支援するソモサ一族が独裁体制を敷いていた。そのニカラグアで七九年七月に革命が勃発する。革命の担い手となったサンディニスタ民族解放戦線の名称は、三四年にアメリカが支援する国家警備隊によって殺された急進派ゲリラの指導者アウグスト・サンディーノに由来していた。

ソモサ一族を打倒して政権を掌握したサンディニスタは、国有化と土地改革を進めようとした。ソモサ政権下の対外戦争と国内における弾圧によって荒廃した経済を再建するためである。またサンディニスタは、キューバとの親密な関係を強調し、中米諸国、特にエルサルヴァドルやグアテマラの革命勢力を支援する姿勢を示した。

2 ベトナム戦争終結後のアジア

南北ベトナムの統一

中東、アフリカ、そして中南米をめぐる米ソ対立が深まっていた一九七〇年代後半、東南アジア、そして東アジアの国際状況も大きく変化しつつあった。

ニクソン政権は、前章で見たベトナム化政策と並行して、北ベトナムとの和平交渉を続けていた。七三年一月、パリ和平協定が調印された。協定締結を発表するテレビ演説でニクソンは、アメリカは同盟国南ベトナムを見捨てることなく、「名誉ある平和」を達成したと強調した。だが、多くの歴史家がパリ協定には厳しい評価を下している。この協定でアメリカは、南ベトナムにおける北ベトナム軍の駐留継続を容認しつつ、米軍の全面撤退に同意した。それゆえ、同協定は南ベトナム最終崩壊までの「適当な時間稼ぎ」に過ぎなかったと批判されている。

事実、アメリカがベトナムから撤退した後も南北ベトナム間での戦闘は続き、七五年四月には南ベトナムの首都サイゴンが陥落した。そして七六年七月、北ベトナムに南ベトナムが吸収され、統一国家であるベトナム社会主義共和国が誕生した。

国境を接した隣国ラオスでも、七五年一二月、王政が廃止されて社会主義国家が誕生した。さらにはカンボジアでも、極度に急進的で親中国的な指導者ポル・ポトが率いるクメール・ルージュが政権を掌握し、国名を民主カンプチアに改めた。パリ協定から三年足らずでインドシナ半島全体が「共産化」したのである。

第三次インドシナ戦争

だが、インドシナ半島において、社会主義を標榜《ひょうぼう》する諸国の間で対立が先鋭化、武力紛争が発生するまでに時間はかからなかった。フランス・ベトミン間の第一次（第5章）、アメリカと北ベトナム、解放民族戦線の間でのベトナム戦争（第二次）に続く、第三次インドシナ戦争である。

民主カンプチアの建国後、同国とベトナムの間では、国境紛争が多発するようになった。一九七〇年代前半、クメール・ルージュと北ベトナムは、七〇年のクーデタで誕生した親米軍事政権を打倒するため共闘関係にあったが、それが崩壊したのである。

このベトナムとカンプチアの対立に介入したのが中国である。第7章で見たように、六八年のテト攻勢を境に、北ベトナムはソ連へと接近、中国とは対立していった。六九年に中ソが衝突すると、ソ越接近に対する中国の危惧はさらに強まった。そして中国と北ベトナムは、カンボジアとラオスへの影響力拡大を競いあうようになる。中越対立が深まるなか、インドシナ半島に友邦を確保するためであった。

南北ベトナム統一後、中越関係は悪化の一途をたどる。中国は、ベトナムがインドシナで「覇権」をめざしていると批判し、親中・反越の姿勢をとる民主カンプチアのベトナム攻撃を支持した。対するベトナムは、七八年一二月、民主カンプチアに侵攻してポル・ポト政権を打倒、親越的な新政府を樹立した。その後ベトナムは、約一〇年にわたってカンボジアへの駐兵を継続する。ポル・ポト派のゲリラからカンボジア新政府を防衛するためであった。さらに後で見るように、このベトナムの動きに対抗して、翌七九年二月に中国がベトナムに侵攻するのである。

日中平和友好条約の締結

インドシナ情勢は、米ソ関係の悪化と、それを背景とした東アジア大国間関係と連動して展開していた。その重要な一部をなしていたのが日中関係である。

一九七六年、建国から中国を指導してきた周恩来（一月）と毛沢東（九月）が相次いで死去した。その後、権力を掌握したのが鄧小平《とうしょうへい》である。経済発展を重視する鄧小平のもと、七八年末までに中国は、後に「改革開放」として知られる方針へと傾きつつあった。共産党一党支配を維持しつつも、ソ連型の計画経済を放棄し、西側と同じ市場経済を通じた経済発展をめざすようになったのだ。

対外戦略も大きく変更されていった。世界革命をめざす方針は放棄された。「劉少奇《りゅうしょうき》テーゼ」（四九年：第3章）に基づき、五〇年代初めから行われていた東南アジアの共産主義勢力に対する援助も削減され、最終的には廃止された。

鄧小平はまた、西側諸国、特にアメリカとの関係改善を強く望んでいた。アメリカを中心とする世界市場に参入するためである。米中関係は対ソ戦略上も重要であった。米中和解のころから、中国にとってアメリカよりもソ連の方が大きな脅威であった。七〇年代後半にソ連が第三世界への介入を強化したことも、中国の危惧を強めていた。

同様の観点から、中国は、日中平和友好条約の締結を望むようになっていた。七二年の日中共同声明は両国が平和友好条約の締結をめざすことをうたっており、七四年からは交渉も始まっていた。しかし、日中両国がソ連の「覇権」に対抗することを条約に明記したい中国と、日ソ関係に及ぼす影響を懸念して文言の挿入を避けようとする日本の間で意見が食い違い、交渉は進展しなかった。

中国が日中の「反ソ」提携に重きを置いていたとすれば、日本は、田中、三木武夫《みきたけお》（在任：七四年一二月〜七六年一二月）、福田赳夫《ふくだたけお》（在任：七六年一二月〜七八年一二月）の三政権にわたって、日中・日ソ関係の両立をめざしていた。福田が日米関係を基軸としつつも、「全方位平和外交」というスローガンを掲げていた理由の一つは、日ソ関係への配慮にあった。

中国側も次第に態度を変えていく。経済戦略を転換したため、日中経済関係の拡大がより重要となったことが理由の一つであった。また中国は、日中条約を米中国交正常化へとつなげたいとも考えていた。双方は合意に向けて妥協を重ね、七八年八月、日中平和友好条約は締結された。

米中国交正常化と台湾

同じころには、アメリカのカーター政権も中国との関係強化を望むようになっていた。米ソ関係が悪化するなか、アジアで対ソ包囲網を形成するためである。

一九七〇年代初めの米中和解と同じく、国交正常化交渉では再び台湾が問題となった。アメリカは国交正常化を機に国府と断交し、七九年末に期限切れを迎える米華相互援助条約についても延長しないつもりであった。その一方、引き続き台湾問題の「平和的解決」を求め、武器売却を続けることで台湾の安全に関与するつもりでもあった。こうしたアメリカの態度に中国側は強く反発した。しかし、この機会を逃したくないカーターと鄧小平は妥協を選ぶ。武器輸出問題の解決を先延ばしし、台湾の地位については双方がそれぞれの立場を一方的に宣言するという形で、両者は折り合いをつけた。

カーター（右）と鄧小平（1979年１月）

　七九年一月一日、米中は正式に国交を樹立した。この日、中国側は、中国政府と台湾「当局」が交渉によって軍事的対立を終わらせ、直接交流によって中台間の相互理解を促進することを訴えた。台湾政治を研究する若林《わかばやし》正丈《まさひろ》の言葉を借りれば、中国は、その台湾政策を、軍事力を主たる手段とする「台湾解放」から「祖国の平和統一」へと転換したことを明らかにしたのだ。この後八〇年代を通じて、中台間の通商関係は拡大していく。

　ところが、この政府レベルでの米中合意に、アメリカ議会が水を差す。台湾防衛に関するカーター政権の姿勢に懸念を抱いた議会が、台湾への武力行使に対抗するアメリカの能力を維持するとうたう「台湾関係法」を制定し、アメリカが引き続き台湾防衛に関与する姿勢を明確にしたのだ。台湾関係法の成立は、武器売却問題を先送りして国交回復を急いだ鄧小平には大きな打撃であった。改革開放期の中国外交に関する論考で三宅康之《みやけやすゆき》が指摘するように、同法は、八二年以降に中国が米ソとの関係を見直す伏線となるのである。

「日米中」対「ソ越」の構図

日中・米中関係が進展し、米中台関係も変化する一方、ソ連はベトナムとの関係を強化しつつあった。民主カンプチアとの国境紛争が激化し、中国との関係も悪化していくなか、ベトナムとソ連はさらに接近していく。一九七八年六月にベトナムはコメコンに加入し、八月にはソ連も武器支援を決定した。一一月には対中軍事同盟であるソ越相互援助条約も締結される。それは、ベトナムによる七八年末のカンボジア侵攻と、それに続くと予期された、ベトナムに対する中国の軍事的脅威に備えるためのものであった。カンボジア侵攻の背後でソ連が糸を引いていたと考えた中国は、七九年二月に「教訓」を与えるとしてベトナムに侵攻した（中越戦争）。

他方、このころまでには米中が国交を回復しており、日本では七八年一二月に大平正芳が首相に就任していた。田中・三木・福田と異なり、大平は、ソ連との関係改善にはそれほど熱心ではなかった。後述するように再び米ソ対立が激化すると、大平は、ソ連の軍事的脅威と「西側の一員」としての日本の立場を強調するようになる。

こうして七〇年代末の東南アジア・東アジアでは「日米中」と「ソ越」の二つの国家グループが対峙する状況が生じた。しかもインドシナ半島では、社会主義を標榜する諸国の間で軍事衝突まで発生した。米中和解とベトナム戦争終結を経て、アジアの対立構図は大きく変化した。しかし、変化を経験していたのはアジアだけではなかった。中東の国際状況も大きく動揺していたのである。

3 米ソ「新冷戦」の始まり

イラン革命

一九七〇年代の中東ではイスラーム主義の高まりが見られた。イスラーム主義とは、イスラーム法(シャリーア)に基づいて統治される国家の樹立をめざす思想や運動のことである。こうした運動に先鞭をつけたのは一九二〇年代にエジプトで結成されたムスリム同胞団であった。だが、第二次世界大戦後の脱植民地化の流れのなかで、中東諸国の多くは特定の宗教権威や権力から独立した、世俗主義的な国民国家を打ち立てようとした。例えば、エジプトのナーセルは社会主義を標榜し、ムスリム同胞団を厳しく迫害した。

しかし、世俗主義的な国家形成の試みは次第に行き詰まりを見せていく。それを如実に示したのが、アラブ六カ国がイスラエルに大敗した六七年六月の第三次中東戦争であった。またエジプト、シリア、アルジェリア、イラクといったアラブ社会主義諸国の生活水準が低下するなか、七三年にエジプトとシリアは再度のイスラエル攻撃を敢行した。だがパレスチナ奪還はならなかった。さらに、七八年九月、それまでアラブ諸国のリーダーとして振る舞ってきたエジプトが、カーターの仲介で締結されたキャンプ・デービッド合意によりイスラエルとの和平に転じたことが、アラブの大義を大きく損なった。

イスラーム主義者は、こうした世俗主義国家の失敗を非難し、イスラームに基づいた国家統治や経済発展、社会改革の必要性を訴えた。そして七九年の革命により、近代国家として初めて前述した意味での「イスラーム国家」となったのがイランであった。

第5章で見たように、モサッデクの改革で一旦は王位を追われたムハンマド・レザー・シャーは、英米両国が関与した五三年のクーデタで再びイランの統治者となった。その後、シャーはアメリカの支援を受けながら独裁体制を維持し、アメリカをモデルとする「白色革命」を推進する。この過程でシャーは、イスラーム教の聖職者たちを厳しく迫害した。

アメリカの支援を受けてイランを近代化・西洋化させようとするシャーの独裁体制に対し

ては、様々な社会勢力がそれぞれの立場から反対していた。それらを糾合し、イスラームを統治原理とする国家設立へと導いたのが、宗教指導者のルーホッラー・ホメイニーである。イラン国内で混乱が深まった七九年一月、シャーは亡命し、四月一日にはホメイニーを指導者とするイラン・イスラーム共和国の成立が宣言された。

このイラン革命でアメリカは、中東における重要な同盟国を失った。その後イランが、現在まで反米的な政策をとり続けているのは周知のとおりである。しかし、イスラーム主義の影響はイランだけにとどまらなかった。イランと東側で接するアフガニスタンもまた、この新しい潮流に揺さぶられていた。

ソ連のアフガニスタン侵攻

一九七八年四月にアフガニスタンでは、社会主義をめざすアフガニスタン人民民主党(PDPA)を中心とするクーデタが発生した。政権を掌握したPDPAは、社会主義化に向けた急進的な政策を進めていったが、それに対する不満が広がるのに時間はかからなかった。隣国イランでイスラーム革命が起きたのは、そのような時であった。

イラン革命はアフガニスタンのイスラーム主義者に大きな影響を与え、七九年三月、西部の都市ヘラートでイスラーム主義者のゲリラや住民らによる反乱が発生する。そして、それはPDPA政府と、ムジャーヒディーンとよばれるイスラーム主義的な反政府勢力の間の全面的な内戦へと発展していった。

ソ連はこうした事態の展開に危惧を抱いた。ソ連を構成する中央アジアの共和国にはイスラーム教徒が多く、しかもアフガニスタンと長い国境で接していたからだ。また、親ソ的なPDPA政府の維持は安全保障上も重要であった。クーデタ後、すぐに新政府を承認し経済・軍事援助を開始したのはそのためである。ただしソ連は、PDPA政府が求めるソ連軍の派遣には慎重であった。

しかし、PDPA政府首相のムハンマド・タラキが、彼の補佐官ハフィズラー・アミンに殺害されたことが転機となった。アミンがアメリカ側と接触していたことをつかんでいたソ連は、同盟国イランを失ったアメリカが、アフガニスタンに基地を置こうとするのではないかと疑った。後述するように、ちょうどこの時期アメリカは、NATO諸国への新型中距離核戦力（INF）配備を決定していたから、この新兵器がアフガニスタンに展開されることが恐れられたのだ。さらに、イスラーム主義を掲げるイランがPDPA政府を弱体化させ、近接する中央アジア地域のソ連領でムスリムへの影響力を拡大することも懸念された。こうした一連の脅威に対応するため――つまり防衛的な理由から――七九年一二月二四日、ソ連はアフガニスタンへの侵攻を開始したのである。

米ソ・デタントの崩壊

すでに見たように、ニクソン・フォード政権期のアメリカでは、保守派を中心にデタント政策に対する批判が高まっていた。反デタント派はカーター政権の外交も厳しく批判した。そして米ソ関係が悪化し始めると、反デタント派の声はさらに大きくなっていく。

ソ連に対するカーター政権の態度も次第に硬化していった。対ソ包囲網の形成に向けて中国と国交を回復した後、カーターは、新型大陸間弾道ミサイル（ICBM）であるMXミサイル計画を承認した。他方でカーター政権は、SALTⅡの調印にもこぎ着けている。しかし、反ソ強硬派の議員らは、SALTⅡはソ連を利するとして強く批判し、その議会批准は定かではなかった。

こうしたなかで起きたソ連のアフガニスタン侵攻は、米ソ関係を決定的に損なった。ソ連の侵攻は防衛的な理由によるものであった。しかし、アメリカはこれを中東におけるソ連の拡張的な行動と捉えて様々な対抗措置をとっていく。

カーター政権は、議会でのSALTⅡ批准審議を停止し、ソ連に対する禁輸措置を発動した。世界に向けて八〇年モスクワ五輪への不参加（ボイコット）を呼びかけ、一九八〇年一月には、ソ連によるペルシア湾岸地域支配の試みには「あらゆる手段で対抗する」との宣言がなされた（カーター・ドクトリン）。さらに七月には、大統領指令五九号が発せられた。その目的は、数週間から数カ月の長期にわたって対ソ核戦争を遂行する体制を作り上げることであった。アフガニスタンのムジャーヒディーンに対する武器支援も始まった。米ソ・デタントは完全に崩壊したのである。

「強い立場からの交渉」を求めるレーガン

こうして「新冷戦」とよばれた米ソ対立の新局面が始まるなか、一九八〇年のアメリカ大統領選で大統領に就任したのが共和党のロナルド・レーガンであった。

レーガンが強烈な反ソ・反共主義者であり、例えば、八三年三月にはソ連を「悪の帝国」とよぶなど、激しく批判したことはよく知られている。レーガンは、カーター政権の方針を引き継いで国防費を大幅に増額し、核兵器と通常兵力の両方を強化したほか、後で見るように第三世界への介入も強化していった。

その一方、レーガンはブレジネフに書簡を送り関係改善を呼びかけてもいる。また八二年五月に彼は、母校のユーレカ大学（イリノイ州）で演説し、米ソ交渉の名称を戦略兵器制限交渉（SALT）から戦略兵器削減交渉（START）に変更して再開することを訴えた。ソ連側もレーガンの呼びかけに応じ、八二年六月にはジュネーブでSTART交渉が開始された。

軍備を拡張し、対ソ強硬姿勢をとりつつ交渉を呼びかけるレーガンの真意はどこにあったのか。ソ連に対する強烈なレトリックとは裏腹に、レーガンは、核兵器全廃を心から願っていた。第7章で見たように、六〇年代からアメリカは相互確証破壊（MAD）戦略を採用してきた。だがレーガンはMADを米ソ両国の市民を核戦争の危険に曝し続ける非人道的なものと見なしていた。強い立場から交渉に臨み、核兵器を廃絶する。そのために、まずは軍拡でソ連に対して優位な立場に立つ。それがレーガンの考えであった。

八三年三月にレーガンが発表した戦略防衛構想（SDI）も同じ発想に基づくものであった。これは、宇宙空間に設置されたレーザー兵器などによって、ソ連の核ミサイルを無力化しようとするものであった。レーガンはアメリカがSDI開発に成功したら、これをソ連に提供することを考えてもいた。米ソが互いに相手の核戦力を無力化できれば、両国はMADから脱却できるからである。

だがレーガンの対ソ政策は、彼の希望とは正反対の結果をもたらした。八二年一一月にブレジネフはこの世を去り、ユーリ・アンドロポフが新しいソ連の指導者となった。アンドロポフは、核軍拡を追求するレーガンがソ連に先制核攻撃を仕掛けるつもりではないかと疑っていた。彼の懸念はSDIの発表でさらに深まった。アメリカがSDIを配備すればソ連の核戦力は無力化され、アメリカは、ソ連の報復を恐れずに核攻撃を開始できるからだ。

八三年の秋から冬にかけて米ソの緊張は頂点に達する。九月にはシベリア上空に迷い込んだ大韓航空機が撃墜され、アメリカの上院議員を含む乗客・乗員二六九名全員が死亡した。米ソ対立の高まりから神経質になっていたソ連空軍は、アメリカのスパイ飛行と誤解して撃墜したのだ。そして次節で見るように、八三年一一月、NATO諸国はアメリカの新型INFの配備を開始する。ソ連側はこれに抗議する姿勢をとり、緊張はさらに高まった。だが、「新冷戦」をめぐるアメリカと西欧諸国の認識や態度には異なる部分もあった。この点を前章で見たヨーロッパ・デタントの影響を振り返りつつ、確認していこう。

4　ヨーロッパにおけるデタントと対立

東側の経済依存の拡大

前章で見たように、ブラント政権の東方外交により一九七〇年代初めにはドイツ問題が暫定的に解決し、七五年のヨーロッパ安全保障協力会議（CSCE）ではヘルシンキ最終議定書が採択された。この文書により戦後ヨーロッパの国境と分断状況、また内政不干渉原則が確認された。また、冷戦初期に独自の経済圏となったソ連・東欧経済は、このころまでに西側のグローバル市場に組み込まれつつあった。そしてヨーロッパ・デタントが進展した結果、西欧に対するソ連・東欧諸国の経済的な依存はさらに拡大した。

こうした状況下、七四年に就任したヘルムート・シュミット西ドイツ首相やヴァレリー・ジスカール・デスタン仏大統領は、東西間の経済・文化協力をさらに発展させようと努力した。西欧諸国のこうした政策は、東欧市場を西側の経済的利益のために利用する経済政策であると同時に、東欧諸国の人々に西側の市場経済や民主的な政治体制の利点に気づかせ、東側の体制を長期的に突き崩すための冷戦戦略でもあった。七〇年代末に米ソ関係が悪化するなか、西欧はデタントの継続を望んでいた。

デタントと「新冷戦」をめぐる米欧の立ち位置の違いは、七〇年代末以降、大西洋をまたいだ政策対立の原因となっていく。このことはソ連のアフガニスタン侵攻をめぐる米欧の対応の違いに明らかである。

西欧諸国は、ソ連が防衛的な理由から侵攻したと判断していたし、対ソ貿易から多くの利益を得ていた。それゆえ西欧側はソ連の行動を強く批判しつつも、カーター政権が要請した対ソ経済制裁には応じなかった。またシュミットやジスカール・デスタンはソ連侵攻後まもない時期にもブレジネフと会談した。ブレジネフもこのことに気づいており、西側の足並みを乱すことを目的に独仏首脳との会談に積極的に応じたのである。

ヘルシンキ効果

ヘルシンキ最終議定書の人権条項は、東欧の国内政治や社会にも重要な影響を与えた。東欧諸国の反体制派の人々は、この条項を取り上げて人権の尊重を訴え、抑圧的な政府を批判することが可能になったからだ。有名なのは一九七七年一月に、チェコスロヴァキアの市民グループが、憲法やヘルシンキ宣言、また国連人権規約の規定などを実施していないと自国の政府を告発した「憲章77」であろう。

政府側はこうした動きを抑圧する行動をとった。つまりヘルシンキ合意ですぐに東欧諸国の人権状況が改善したり、体制変動が生じたりしたわけではない。だが、ヘルシンキ最終議定書が人権や人道の普遍的な重要性を明記し、こうした規範に対する理解が東欧で広まったことが、その十数年後、共産党一党体制が崩れていく重要な背景となったと考えられる。国際政治学者ダニエル・トマスはこれを「ヘルシンキ効果」とよんでいる。

またヨーロッパ・デタントによって形成された西側との経済関係も、ソ連や東欧諸国の体制維持のための行動に一定の制限を加えることになった。そのことを物語るのが八〇年に発生したポーランド危機である。

ポーランド危機

一九七〇年代後半、東欧経済のグローバル化が進んだ結果、東欧諸国の累積対外債務は増大していった。こうしたなか、八〇年七月にポーランド政府は突然、食肉価格の大幅引き上げを決定した。これをきっかけにワルシャワの労働者が賃上げを求めるストライキを実施し、それは全土に波及した。この動きはさらに政府系労働組合から独立した自主管理労組「連帯」の組織化へとつながり、ポーランド国内では緊張が高まった。

西側諸国が懸念していたのは、五六年のハンガリーや六八年のチェコスロヴァキアのようなソ連の軍事介入であった。ポーランドの経済的破綻がその引き金になり得ると考えた西側は、カーター政権のアメリカを含めて金融支援と食糧援助で対応した。

実際には、すでに八一年六月の段階でソ連指導部は不介入を決断していた。ポーランドでの事態が自国に波及することに懸念して、東ドイツやハンガリー、チェコスロヴァキア、ルーマニア首脳は軍事介入を求めていた。ソ連政府内にもそのような意見はあった。だがブレジネフはこれを退ける。

ブレジネフは西側の経済制裁を恐れていた。アフガニスタン侵攻への対抗措置としてアメリカが実施した経済制裁は、ソ連に大きな打撃を与えていた。また、東欧諸国の経済もNATO諸国に大きく依存するようになっていた。さらに、ソ連自身の経済情勢も急激に悪化しつつあった。こうした状況下でポーランドを侵攻・占領すれば、経済制裁の影響のみならず、多大な占領経費がソ連・東欧経済に大打撃を与えることは必至であった。西欧とのデタントがもたらした経済効果は、ソ連に軍事介入を自制させた大きな要因だった。

軍事介入できないソ連は、ポーランドに自前で対応するよう圧力をかけ、その結果、八一年末にポーランドでは戒厳令が布告された。ここでレーガン政権は対ソ・ポーランド経済制裁に踏み切る。さらにアメリカは西欧諸国に対して、当時西欧とソ連が進めていたシベリア・欧州間の天然ガス・パイプライン計画の中止を求めた。

西欧側はこれに強く反発した。経済制裁がポーランド問題に関するソ連の態度を変えるとは考えられなかった。しかも、この計画は七九年のイラン革命に端を発した第二次石油危機への対応策として期待されていたからだ。結局、パイプラインをめぐる米欧対立は、八二年秋にアメリカが経済制裁を解除するまで続いた。この事件は、対ソ認識における米欧間の温度差を顕著に示すものであった。

ヨーロッパーINF問題

ただし、デタント継続を望む一方、西欧諸国がアメリカの拡大抑止を維持しようとしていたことは忘れてはならない。ＩＮＦ問題はこのことをよく示している。

一九七七年にソ連は、西欧を標的とする新型ＩＮＦ・ＳＳ－20の配備を開始した。ソ連軍部は七〇年代の米ソＳＡＬＴ交渉に関して――特に、ソ連を標的とする英仏両国の核戦力が交渉対象となっていなかったことに――不満を抱いていた。また、軍事技術で西側の後塵を拝していることへの苛立ちもソ連軍部にはあった。こうした軍部の不満を抑えるため、ブレジネフはＳＳ－20の配備を決定したのだ。

西欧の側でも七〇年代半ばまでには、旧型兵器が中心のＮＡＴＯ核戦力を近代化すべきであるとの合意ができあがりつつあった。そこにＳＳ－20の問題が持ち上がり、ソ連の新型ＩＮＦ配備がヨーロッパの軍事的均衡を覆すことへの懸念が広がった。こうした状況を受けて、七九年一二月、ＮＡＴＯは「二重決定」とよばれる方針を採択する。それは、ソ連にヨーロッパＩＮＦの削減交渉を求め、それが失敗に終わった場合には、八三年秋までにアメリカの新型ＩＮＦを西欧に配備するというものであった。

八一年一一月に米ソＩＮＦ交渉が始まったが、交渉はすぐに行き詰まった。これは、レーガン政権の対ソ交渉戦略に起因するところが大きい。ＩＮＦ交渉におけるレーガン政権の立場は、東西双方がヨーロッパに配備するＩＮＦを「ゼロ」とすることを提案する「ゼロ・オプション」として知られる。これは、ソ連がすでに配備済みの西欧向けＩＮＦを廃棄すれば、ＮＡＴＯは進展中のＩＮＦ配備計画を中止するというもので、明らかにソ連に不利なものであった。当然、ソ連はこの提案を拒絶する。

ＩＮＦ交渉が進展しないまま二年が経過し、米ソ間でも緊張が最高潮に達していた八三年一一月、西ドイツのヘルムート・コール首相らＮＡＴＯ諸国首脳は、当初の計画どおり新型ＩＮＦ配備を開始した。これにソ連側はＩＮＦ交渉を退席することで抗議の意を示す。さらに一二月一日、ソ連はワルシャワ条約機構諸国に対して、アメリカ沿岸地域に核ミサイル原潜を展開する決定を下したと通告した。それは、「西側の核の脅威が拡大したことへの対抗措置」であり、社会主義諸国への先制核攻撃を抑止するためのものだとされた。

このように、アメリカに拡大抑止の維持を求め続けた西欧の動きも、ソ連の反発を引き起こした一因であった。デタント政策を継続した西欧にも、東西緊張の高まりの片棒を担いだ面があったといえる。

こうした八〇年代前半の緊張の高まりに人々は不安を強め、西欧でもアメリカでも、大規模で広範な反核平和運動が沸き起こった。八〇年から八三年秋にかけて、ロンドンやパリ、ローマ、ボン、ハンブルク、ウィーン、ブリュッセル、ハーグ、ストックホルム、ニューヨーク、ワシントンなど、各地で数万人から数十万人規模の反核平和集会が開催され、労働組合や教会、学生団体など様々な勢力によるデモが繰り広げられた。

核戦争がもたらす惨状についても多くの警告や報道がなされた。科学者たちは大規模核戦争によって地球の気温が低下し、動植物が死に絶える「核の冬」について語った。マスメディアも核兵器が使用された場合の被害予想について報道した。なかでも強い影響を持ったのは、アメリカのＡＢＣ放送が八三年一一月に放映したテレビ映画『ザ・デイ・アフター』である。核戦争勃発後のカンザス州ローレンスの悲惨な状況を描いたこの番組は、一億人を超えるアメリカ人に視聴された。そのなかにはレーガン大統領も含まれていた。

交差する対立と緊張緩和

ここまで見てきたように、一九八〇年代の初め、米ソ間では緊張が極度に高まった。七〇年代初めのデタント期を経て、この時期が「新冷戦」とよばれたのはそのためである。「防衛的」理由によるソ連のアフガニスタン侵攻に、カーター政権が強硬な対抗策をとってデタントが崩壊し、核兵器廃絶を願うレーガンが「強い立場からの交渉」を追求した結果、この新しい緊張局面がもたらされたことは皮肉というしかない。また、ヨーロッパでは、西欧諸国がデタントの継続を求めつつも、ＩＮＦ配備によって対ソ防衛を維持しようとしたことで、緊張が高まった部分があった。

このように見れば、「新冷戦」期を「緊張が高まった時期」としてのみ捉えるのは一面的だといえるだろう。ヨーロッパ冷戦の全体像を描いた著作のなかで山本健が指摘するように、超大国間とヨーロッパ、とりわけ後者に目を向けると、「新冷戦」期が「緊張と緊張緩和が混在して」いた時期であり、東西双方の「緊張」を高める対決的な行動と、その「緩和」を求める行動の二つが、複雑に交差していたことが分かる。とはいえ、米ソ間とヨーロッパの冷戦はまだ続いていた。だが、まさに同じ時期、東アジアと第三世界では大きな変化が起こりつつあった。

5 市場経済に向かう中国と第三世界

「新冷戦」と日本

一九八〇年代初めには東アジアでも軍拡競争が激化した。中ソ関係が悪化するなか、六〇年代末からソ連は、自国と中国、また同盟国であるモンゴルと中国の国境に展開するソ連軍を強化し始めていた。また米ソ間でSALTIが締結されたのち、ソ連は、同条約が制限対象としなかった潜水艦発射弾道ミサイル（SLBM）のオホーツク海配備を進めて対米核抑止力の強化を図った。同時に、核戦力を防衛するために必要な海・空・陸軍戦力も拡充された。さらに七六年からソ連は、アジアにも中距離核ミサイルSS－20の配備を開始した。米中日による対ソ包囲網に対抗することが目的であった。

レーガン政権は、太平洋艦隊にトマホーク巡航ミサイルを配備するなど、軍備増強によってソ連に対抗した。また、すでにカーター政権が始めていた方針を踏襲し、日本にも防衛力増強を求めた。

八二年一一月に中曽根康弘《なかそねやすひろ》が首相に就任すると両国の防衛協力は強化されていった。八三年一月に訪米した中曽根は、レーガンに「日米は運命共同体」と語り、ファースト・ネームで「ロン・ヤス」とよびあう個人的な関係を築くことに成功する。その後、八五年には青森の米軍三沢《みさわ》基地に最新鋭のF－16戦闘機の配備が開始され、八七年には防衛費の対GNP費一％枠撤廃が閣議決定されるなど、日米間の軍事協力が進展した。

「新冷戦」との関係で見逃せないのが、金融面での日本の役割である。日本は第二次石油危機を乗り越えて輸出を伸ばし、八五年には世界最大の債権国となった。他方、八五年までにアメリカは、一九一四年以来初めて債務国となった。新自由主義を唱えるレーガン政権は、大軍拡と同時に、大規模減税によって経済成長を刺激する「レーガノミクス」とよばれる経済政策をとった。これによって財政支出が拡大する一方、税収は低下したためアメリカは財政赤字と貿易収支赤字の「双子の赤字」を抱えるようになったのだ。

それでもアメリカが、国内経済対策と空前の規模の軍拡を同時に追求できたのは、海外、とりわけ日本からの資金流入のおかげであったと国際政治経済学者ロバート・ギルピンは指摘する。世界有数の債権国となった日本からの巨額な資金は「新冷戦」を戦うアメリカの軍備拡張を経済的に支えたのだ。だが、新冷戦が昂進する背後で、東アジアの冷戦は大きな変化を経験しつつあった。それは中国の経済・外交両面での変化に目を向けることで明らかになる。

中国の戦略転換

一九八〇年代前半の東アジアにおける冷戦の変化を見るうえで重要なのが、中国の発展戦略のシフトである。前章で見たように、七〇年代中ごろまでには、日本と「四小龍」、東南アジア諸国が経済的に大きく発展した。そして七〇年代末には、中国がこのアジアの経済発展の波に加わっていく。

七八年ごろから中国では、後に「改革開放」として知られる政策が進められるようになった。国家の生産計画への関与を縮小させて国内経済体制を変革する一方、外国政府や国際機関に借款を求め、また広東省の深圳《シンセン》などに経済特区を設置して外国からの直接投資を呼びこんでいったのである。日中平和友好条約締結後に開始された日本の政府開発援助（ODA）や円借款、アメリカが国交回復に際して供与した最恵国待遇も中国の経済発展に一役かった。

かつてソ連と社会主義陣営のリーダーの地位を争った中国は、共産党一党独裁体制を維持しつつ、市場経済に基礎を置く発展戦略を採用し、アメリカを中心とする世界市場に自国経済を統合しようとしていた。中国は、経済イデオロギーの面で東側諸国と大きく距離を置いたのである。

中国の変化は経済面にとどまらなかった。七〇年代の終わりからは、外交方針も転換されつつあった。前述した七九年の中越戦争で、中国は大きな被害を受けていた。ベトナム戦争で鍛錬されたベトナム軍は手強い相手だったのだ。その後中国は、カンボジア駐留を続けるベトナムを包囲すべく、東南アジア諸国に働きかけていく。しかし、東南アジア諸国政府との関係を改善するには、四〇年代末から実施してきた、各国の共産主義勢力への支援を中止する必要があった。七九年夏以降、中国は東南アジアの共産主義勢力への支援を削減し、最終的にはこれを停止した。中国は国際共産主義運動への関与をとりやめたのである。

中国は対米・対ソ戦略についても転換を図った。前述した台湾関係法は、鄧小平に対米関係の見直しを迫るものとなっていた。さらに、八一年になると米中間では、台湾に対する武器売却をめぐって緊張が高まった。関係修復に向けて両国間で交渉が重ねられ、八二年八月には共同コミュニケが出されて対立は何とか収束した。この過程で中国は、米ソのいずれかに与することはコストが大きいと強く認識した。アメリカが米中の対ソ提携の重要性を強調して、譲歩を求めたからである。

これ以降中国は、対ソ関係を改善し、米ソのいずれにも過度に依拠せず、一定の距離をとる戦略へと転換していった。八二年九月の中国共産党第一二回全国代表大会では「いかなる大国あるいは国家集団にも決して依存せず、いかなる大国の圧力にも決して屈服しない」という「独立自主の対外政策」を基本方針とすることが表明された。

ソ連側も対中関係の改善を模索し始める。八二年三月にブレジネフは、中国に関係改善を呼びかける演説を行った。アフガニスタンやポーランドといった重要問題に直面するなか、ソ連は、台湾への武器売却をめぐって生じていた米中対立を利用しようとしたのである。

中国もソ連の呼びかけに応じ、八二年一〇月には北京で中ソ交渉が始まった。ここで中国は、関係改善への「三大障害」として、(一) 中ソ国境、中・モンゴル国境におけるソ連軍の大幅削減、(二) カンボジアに侵攻したベトナム軍の撤退、(三) アフガニスタンからのソ連軍撤退を求めた。この後も中ソ交渉は続く。だが、第11章で見るように、関係改善に向けた実質的な変化が生じるのは、ミハイル・ゴルバチョフの登場後のことであった。

他方、市場経済への移行を模索する中国は、引き続き日米両国との関係も重視していた。ソ連に対抗するために中国と良好な関係を欲していたアメリカも、情報面や軍事面での米中協力を拡大していった。そのため、米中関係は八〇年代を通じて安定的に推移していく。

ここまで見てきたように、共産党一党独裁体制を維持しながら市場経済を軸に据える中国の政治・経済方針は、共産党一党体制と国家計画経済を基礎とするソ連型の共産主義イデオロギーから大きく逸脱したものとなった。また外交政策でも中国は、東西いずれの陣営にも与せず、国際共産主義運動を放棄する方向へと転じた。この二つの意味で、中国は八五年までに国家戦略を大きく転換したと捉えることができるだろう。しかし方向転換を図っていたのは中国だけではない。同じ時期には、第三世界の多くの社会主義国が市場経済の導入へと舵を切っていたのである。

レーガン政権と第三世界

すでに見たように、一九六〇年代後半から七〇年代の第三世界には、左派的・急進的な社会主義勢力が台頭した地域があった。レーガン政権はこうした地域への介入も強化した。核の領域では「強い立場」からとはいえ、ソ連に「交渉」を求めたレーガンは、第三世界では「勝利」を追求したのである。

レーガン政権の第三世界政策の柱の一つは、親ソ的な勢力に対抗する政治勢力を支援することであった。具体的には、ソマリアのシアド・バーレや、カンボジアのクメール・ルージュ、アフガニスタンのムジャーヒディーンなどがその対象となった。またアメリカは、中米のニカラグア、エルサルヴァドル、グアテマラへの介入も強化した。

レーガン政権の第三世界政策のもう一つの柱は、経済的手段、より具体的には世界銀行と国際通貨基金（ＩＭＦ）を用いることにあった。八三年までにアメリカは、この二つの国際機関の改革に成功し、援助をテコとして第三世界諸国に市場経済志向の変化を促そうとした。こうした方針は「ワシントン・コンセンサス」として知られている。

第８章で見たが、七〇年代末までに第三世界諸国の主要輸出品である原材料の価格は大幅に下落していた。また、第三世界諸国は、それぞれに経済的な非効率性や政治的腐敗といった問題を抱えており、西側先進諸国の民間金融機関からの借款に頼るようになっていた。同じ第三世界でも、中東の産油国は石油危機で高騰した石油価格のおかげで多額の利益を得ており、その資金が先進国の金融機関に預け入れられ、より貧しい南の国々や東欧諸国に貸し付けられた。いわゆる「オイル・ダラー」である。

しかし八一年から八二年にかけて世界を襲ったグローバルな景気後退によって、原材料価格はさらに下落した。そのため、八〇年代前半には、巨大な債務を抱えた多くの第三世界諸国が、世界銀行やＩＭＦといった国際金融機関の融資に依存することになる。こうした背景があったからこそ、レーガン政権は経済的手段を用いて第三世界に大きな影響力を持つことができたのである。

社会主義を放棄する第三世界

このように一九八〇年代前半の第三世界は、依然、超大国対立の舞台となっていた。しかし、その背後で大きな変化が進行していたことを見逃すべきではない。

冷戦史の大家ウェスタッドは、七〇年代の第三世界に登場した複数の社会主義国家のなかで、「資本主義に代わる包括的な選択肢を提示できた国はまったく」存在しなかったと喝破する。その多くは「自国の社会的、経済的条件には適合しがたい東欧から輸入したモデルに依存」して失敗したというのだ。

事実、この時期には、徐々に計画経済から市場経済へと転換を図っていた国が中国以外にも存在していた。七〇年代末に経済危機に直面したベトナム共産党は、八〇年末から翌年初めにかけて、すでに地方で実験的に実施されて成果をあげていた生産請負制の導入を決定した。そして、八六年の第六回党大会では、市場経済の導入と世界市場への参加などをめざすドイモイ（刷新）路線が提唱された。また、七五年にポルトガルから社会主義国家として独立したアフリカのモザンビークも、八二年から翌年にかけて小規模の企業活動を認めるようになった。八六年には、IMFの融資を受けることと引き換えに、主要産業の民営化、国家支出の削減、貿易や経済活動の規制緩和を進めることを約束している。

ウェスタッドによれば、アフガニスタンやエチオピア、ニカラグア、北朝鮮などを例外として、ソ連の第三世界の同盟国は「すべて」「一九八五年以前から何らかの形の市場志向改革を始めていた」。各国経済の非能率と、レーガン政権の政策に端を発する国際金融機関の圧力に加えて、東アジア資本主義諸国の著しい経済成長、「とりわけ中国が急速かつ成功裏に行った世界市場との再統合が（中略）社会主義的解決に対する信仰を掘り崩す助けとなった」のだ。加えて、「一党国家と厳格な政治支配を保持しながらも、市場の価値を受け入れた」中国のシステムは、権威主義的な第三世界の指導者にとって「魅力的」なものと映った。

西側の自由主義的民主主義の政治体制を選択するかどうかはともかく、社会主義的な経済体制を放棄して市場経済へと移行する動きは、ソ連や東欧に先駆けて東アジアや第三世界で始まっていた。少なくともこの地域では、イデオロギーの優劣をめぐる対立は八五年までに、ほぼ決着がついていた。そして、この後を追うように超大国間やヨーロッパでも大きな変化が生じていくのである。

第 10 章

超大国・ヨーロッパ冷戦の終わり

ベルリンの壁の崩壊。ブランデンブルク門近くの壁に東西ベルリン市民が上っている（1989年11月）

米ソが「新冷戦」を戦い、ヨーロッパでも冷戦が続くなか、東アジアと第三世界では「イデオロギーの優劣をめぐる対立」としての冷戦が意味を失うような状況が、いち早く生じていた。それは、ソ連をモデルとする社会主義体制を志向してきた国々が、一九七〇年代以降のグローバルな経済的変化に適応しつつあった現れでもあった。それを追うかのように、八〇年代半ばからは超大国関係、そしてヨーロッパ情勢も変化し始める。そして脱冷戦を志向するソ連の動きが東欧の変化を後押しし、ドイツ再統一へとつながっていく。

ただし、それだけが「冷戦の終わり」ではなかった。地政学的利益とイデオロギーという冷戦の二つの対立軸において、冷戦の終わりは、超大国、ヨーロッパ、東アジア、第三世界それぞれの地域の文脈に応じた様々な形をとった。本章および第11章では、この四つの地域における冷戦の終わり方を、その地域差と時差に注目しながら詳細に検討したい。まず本章で超大国とヨーロッパについて見た後、第11章で東アジアと第三世界に目を向けていく。

1 米ソ冷戦の終焉

核軍備管理交渉の再開

前章で見たように、レーガンの対ソ政策は、大統領就任当初より、強い立場からの交渉をめざすものであった。一九八三年末ごろからは、一層交渉に力点が置かれるようになる。

米ソ間の緊張が最高潮に達していた八三年一一月一八日、レーガンは次のように日記に記している。「ソ連側は非常に警戒しており、攻撃されるのではないかと疑心暗鬼になっている」。それゆえ「弱腰に見えないようにしつつ」も、アメリカは誰を攻撃するつもりもないとソ連側に伝えなければならない。

この時期レーガンは、ソ連側との交渉チャンネル設置についてジョージ・シュルツ国務長官と検討していた。八四年一月半ばの演説でも、「過去数年のうち、八四年のアメリカは、ソ連と建設的かつ現実的な、実務上の関係を打ち立てるうえで最も強い立場にある」として、核軍縮交渉を進展させる必要性を訴えている。

レーガン政権の対ソ政策はなぜ変化したのか。この演説が示唆するのは、過去三年にわたる核軍拡により、いまや強い立場からの交渉が可能だと考えられていたことだ。しかし、それだけが理由ではない。

重要なのは、レーガンが核戦争の危険性についての認識を深めていたことだ。すでに触れたように、この時期には反核運動が強まり、映画『ザ・デイ・アフター』が放映されるなど、アメリカ内外で核戦争の悲惨な結末への関心が高まっていた。レーガン自身もこの映画を見て「大きく気持ちが落ち込んだ」一人であった。また一一月半ばにレーガンは国防長官から核攻撃への対応策に関する報告を受け、「これ以上なくハッとさせられる経験であった」と日記に記している。

国内政治への配慮もあった。「強い立場」を作り出すための軍拡は財政収支と貿易収支の「双子の赤字」をもたらしていた。また、反核運動が高まるなか、レーガンの側近たちは、ソ連に対して柔軟な姿勢を示すことは、八四年秋の大統領選で勝利するためにも重要だと進言していた。

他方、少しずつではあるが、ソ連の態度にも変化が見られ始めた。レーガン政権の政策は確かにソ連の指導者やエリートたちの反発を引き起こし、それはアンドロポフ、そして八四年二月に彼が死去した後に指導者となったコンスタンチン・チェルネンコのもとでも基本的には変わらなかった。だが、ソ連エリートの多くはこれ以上、制御不能な形で西側との関係悪化が続くことも望んではいなかった。ソ連政府内には、ソ連の行動が、意図せずしてデタントの崩壊を招く一因となったと考える人々が現れ始めていたのである。

米ソ間では軍備管理交渉の枠組みに関する協議が始まり、八五年一月に両国は核兵器に関する交渉再開に合意したことを発表した。こうした気運は、ソ連の指導者が交代したことでさらに高まっていく。

ゴルバチョフの新思考外交

一九八五年三月、チェルネンコは死去し、五四歳のミハイル・ゴルバチョフが後継者となった。ゴルバチョフ政権の末期にソ連が崩壊し、社会主義が終焉を迎えたことはよく知られている。しかし、これは彼がめざしたものではなかった。ゴルバチョフが、ペレストロイカ（建て直し）、グラスノスチ（情報公開）というスローガンに基づいて経済改革と政治の自由化を進めようとしたのは、自身が信奉するソ連の社会主義的なシステムを建て直すためであった。国内改革を進めるためには冷戦を終わらせ、ソ連経済を圧迫する膨大な軍事費を削減しなければならなかった。

そのために彼が展開した「新思考外交」は、「共通安全保障」とよばれる概念に基づくものであった。それは、「原子力の時代にあっては、地球上の全人類が一つの舟に乗って」おり、それゆえ東西両陣営が相互の安全と利益を尊重することによってのみ、ソ連の安全は確保できるという考えである。とりわけゴルバチョフが望んでいたのは、核軍拡競争を抑制し、核戦争の危険性を取り除くことであった。八六年四月にウクライナ共和国のチェルノブィリ原発で事故が発生すると、核戦争に対するゴルバチョフの懸念はさらに強まった。

首脳外交の成果と限界

一九八五年一一月、レーガンとゴルバチョフはジュネーブで初めて相まみえた。この会談は特段の成果をもたらさなかったが、彼らは互いのことを気に入り、相手も核軍縮を望んでいることを確認した。八六年一〇月のレイキャビク会談では、九六年までにICBMからINFまで、あらゆる種類の核兵器を廃棄するという合意の寸前まで至った。しかし、その条件としてゴルバチョフが一〇年間はSDI開発を研究レベルにとどめることを主張し、これをレーガンが拒絶したために合意は成立しなかった。

その後、八七年一二月のワシントン会談に向けて、ゴルバチョフは、戦略核兵器およびINFの削減とSDIの制限を同時に追求する方針を転換した（ソ連の科学者がSDIが実現する技術的な見込みはないと進言したことも、方針転換の理由の一つであった）。そして、八七年七月には戦略核兵器の五〇%削減に加えて、ヨーロッパとアジアの両方でINF全廃を実現し、それを検証するための抜き打ち現地査察を許容するという提案を行った。ゴルバチョフはアメリカ側の予想を遥かに超える譲歩を行う姿勢を示したのである。その結果、ワシントン会談ではINF全廃条約が調印された。配備済みの核兵器を実際に削減する史上初の核軍縮条約が締結された瞬間であった。

レーガンとゴルバチョフは、翌八八年の五月末にはモスクワで、一二月にはニューヨークでも会談を行った。この時期の米ソ首脳会談の光景——例えば、ニューヨーク会談の際にレーガンとゴルバチョフ、ブッシュ次期大統領の三人が笑顔で並び立っている写真——は米ソ関係改善を象徴するものとして有名である。だが、実際のところ八七年から八八年にかけて、INF条約を除けば、多くの問題で米ソは合意できなかった。

例えば、INF条約が調印されたワシントン会談の際、ゴルバチョフは、ヨーロッパにおける通常兵力の大幅削減、化学兵器の禁止、米ソ双方による中米紛争（後述）への武器供与停止などを提案した。しかし、アメリカ側はこれらの争点を取り上げる用意がなかった。

ニューヨークでの米ソ首脳会談。左からブッシュ、レーガン、ゴルバチョフ（1988年12月）

またワシントン会談後、レーガンとゴルバチョフは、レーガンの任期が終わる八九年一月までに——もし可能ならばモスクワ会談で——START条約に合意することを望んでいたが、八八年四月末までに交渉は行き詰まった。さらに、モスクワ会談の際にもゴルバチョフは、米ソ双方の兵力五〇万人削減や、紛争処理手段としての軍事力使用に反対する米ソ共同声明を提案したが、いずれもアメリカ側は受け入れなかった。

レーガンとゴルバチョフが首脳レベルで親密な関係を形成し、米ソ「和解」が華やかに喧伝されたのは確かである。しかし、アメリカ政府内部には、国防省や軍部、情報関係者、そしてジョージ・H・W・ブッシュ副大統領といった、ゴルバチョフのペレストロイカや外交攻勢に不信感を抱いたり、ソ連を依然として軍事的脅威と捉える勢力が存在していた。こうした勢力の抵抗は、INF条約を超えて米ソ関係が進展することを妨げたのである。

ソ連の脱冷戦化

米ソ関係の停滞を打開するため、ゴルバチョフは新たな提案を行った。一二月七日に国連総会に登壇したゴルバチョフは、国際関係が新しい段階に入りつつあり、「人類全体の価値」を優先して世界政策は決定されるべきであると述べた。彼はまた、強制力の使用や威嚇を外交政策の手段とすべきではないこと、「選択の自由」が普遍的原理となるべきこと、また国家間関係の「脱イデオロギー化」が必要なことなどを強調した。そして、ソ連が他の諸国とともに「人類共通の価値の至上性」を打ち立て、普遍的な「文明の生命力」を守るつもりだと訴えた。そのうえで彼は、ソ連が五〇万人の兵員を一方的に削減することを発表し、翌年一月に就任するブッシュ新政権に対して、ＳＴＡＲＴやヨーロッパ通常兵力削減について真剣な交渉を行うよう呼びかけた。

イギリスのソ連史家アーチー・ブラウンが指摘するように、この演説は「国際関係を東西二陣営の対立と見るアプローチを公に放棄」し、ソ連が普遍的な文明や単一の国際経済システムに参加する——すなわち冷戦的な行動原理から脱却する——意図を明らかにするものであった。

こうしたゴルバチョフの外交ビジョンは、彼の国内政治・経済の改革構想と密接に関連していた。ゴルバチョフの浩瀚な伝記のなかでウィリアム・トーブマンは、ゴルバチョフは、自身が国連で打ち出したビジョンが世界で肯定的に受け止められれば、自身の立場が強化され、ソ連国内で強まっていた「改革への抵抗を克服できる」と考えていたと指摘する。

八七年ごろからゴルバチョフはソ連政治体制の民主化に取り組んでいた。その目的は、共産党の権限と役割を縮小し、自由投票による競争的選挙に基礎を置く議会へと権限を移行することにあった。またゴルバチョフは、中央統制経済から市場がより大きな役割を果たす経済体制への変革にも着手しており、民主化はこれに抵抗する共産党内の勢力や国家の官僚機構への対抗手段でもあった。さらに、ゴルバチョフ自身の思想も西欧的な社会民主主義のそれへと傾きつつあった。

先に紹介した歴史家ブラウンは、「共産主義体制」を、共産党の権力独占や指令経済（計画経済）など、六つの特徴を持つ国家体制と定義している。そのうえで、ゴルバチョフによる一連の改革の結果、八九年半ばまでにソ連は「共産主義体制」が持つ重要な特徴のほとんどを失っていたと指摘する。八九年前半までに、ソ連指導者の認識レベルでも、ソ連の政治体制という実体レベルでも、イデオロギーをめぐる対立としての冷戦は意味を持たなくなっていたといえるだろう。

だが改革を進めていくなかで、ゴルバチョフ自身の政治的立場は悪化しつつあった。彼は、共産党一党独裁体制のなかで権力や利権を得ていた保守派と、ペレストロイカによって台頭した改革派の間で板挟みになりつつあった。経済状況の悪化に加えて、八九年以降は、ソ連を構成する各共和国でナショナリズムが高まり、暴動が起きたり、ソ連邦内での自治拡大や連邦からの離脱を求める動きが強まっていた。

内政で様々な困難に直面していたゴルバチョフは、外交で成果をあげることで指導力を強化したいと考えていた。また、彼は、緊張緩和が進めば西側と経済関係を拡大したり、市場経済への移行を進めるために必要な西側の対ソ経済援助を得やすくなるとも予想していた。彼が八八年以降に進めた様々な外交措置はこうした意図を持つものであり、一二月の国連演説も米ソ軍備管理交渉に弾みをつけることに狙いがあった。そして同じ理由から、ゴルバチョフは、八八年の選挙で新大統領に選ばれたブッシュと早い時期に首脳会談を行うことを望んでいた。

マルタ会談の実態

しかし、八九年一月に就任したブッシュとその補佐官たちは、ソ連との関係改善には慎重であった。彼らは、ゴルバチョフ外交の狙いは西側に対抗する力を回復するための時間稼ぎではないかと疑っていた。また、保守派がゴルバチョフから政権を奪い返し、ソ連外交が元に戻る可能性についても懸念がもたれていた。

こうした方針は首脳会談と核軍備管理問題に関するアメリカ側の態度にも明らかであった。政権内部では早期の首脳会談に反対する声が強かった。軍備管理などで実質的な成果が期待できない限り、会談がもたらす高揚感が西側の結束を弱めるために利用されるのではないかと懸念されていたのだ。また、ブッシュ政権は、ソ連や東欧諸国に借款や経済援助を行うことについて当初から否定的であり、それゆえ、「冷戦終結」を宣言してソ連が西側の援助を得やすくなるような状況を作り出すことにも懐疑的であった。

ブッシュとゴルバチョフは、八九年一二月になって、ようやく、地中海のマルタ島で会談した。後で見るように、ブッシュが米ソ首脳会談に踏み切ったのは、八九年七月の東欧訪問を受けてのことであった。マルタ会談では、最終日の共同記者会見で、米ソ首脳が冷戦終結を宣言したとされている。しかし近年の研究の多くは、この会談が実質的な成果に乏しかったと指摘している。

冷戦終結期のブッシュ政権の外交を詳細に検討した吉留公太《よしとめこうた》は、マルタで明確な「冷戦終結宣言」を求めたのはソ連であって、アメリカはこれに応じようとしなかったと指摘する。二日にわたる会談の間、ブッシュは、冷戦の終わりには一切言及しなかった。会談を締めくくる共同記者会見でも、ゴルバチョフは「米ソはともに世界は冷戦の時代を終えて次の新しい時代に入ったと表明した」と発言したが、ブッシュはこれに呼応しなかった。しかもブッシュは共同会見後の単独会見で、マルタでは「米ソ間に存在しているあらゆる問題を解決したわけでも、西欧諸国やNATO加盟国と東欧諸国との間に長年存在してきた問題を解決したわけでもない」と述べたのだ。彼が認めたのは「今日の状況が冷戦の最も厳しかった時とはかなり違う」ということのみであった。ブッシュはソ連を、アメリカと対等な立場で冷戦後秩序の建設に関わらせるつもりがなかったのだろう。こうしたブッシュ政権の態度は、次節で描くドイツ再統一の過程でも明らかになる。

2　ヨーロッパ分断の克服

西欧諸国首脳とゴルバチョフ

ＩＮＦ条約締結後、米ソ関係では「雰囲気」のレベルを超える進展が見られないなか、ゴルバチョフが重きを置いたのが西欧諸国との関係だった。すでに見たように一九八〇年代前半、デタントを求める一方、ＮＡＴＯによる対ソ防衛の維持を望む西欧諸国の態度は一貫していた。ソ連と同じく、ＳＤＩがＭＡＤの安定性を損なうことを懸念しつつも、拡大抑止を提供するアメリカとの関係は維持しなければならない。そのため、西ドイツのコール首相も、イギリスのサッチャー首相もＳＤＩを支持する姿勢をとった。

ただし、サッチャーはソ連が変化する可能性を早くから感じ取っていた政治家でもあった。強烈な反共主義者で、レーガンの対ソ政策の「チアリーダー」を自任するサッチャーは八四年末に訪英したゴルバチョフと会談している。この時すでに、サッチャーは、ゴルバチョフが話し合いのできる指導者だという印象を抱いていた。八七年三月のサッチャー訪ソの際、両者は率直かつ密度の濃い会談を持った。これを機にゴルバチョフとペレストロイカに対するサッチャーの支持は確たるものとなった。

他方、ゴルバチョフの方でも、これまで以上に西欧諸国との関係を重視するようになっていく。八七年から八八年にかけてゴルバチョフが会談を持った海外の要人の半分以上は西欧の政治家であった。とりわけ、彼はフランスのフランソワ・ミッテラン大統領や、スペインのフェリペ・ゴンサレス首相、西ドイツのブラント元首相らと親しく意見を交換できる関係を築いた。

西ドイツのコールとゴルバチョフの関係はギクシャクした形で始まった。八三年末に西ドイツがINF配備を進め、コールがSDIを支持したことで独ソ関係は悪化していた。八六年一〇月の『ニューズ・ウィーク』誌に、ゴルバチョフをナチスの宣伝相ヨーゼフ・ゲッベルスになぞらえるコールの発言が掲載されると、これを不快に思ったゴルバチョフは意図的にコールと距離を置いた。しかし、独ソのいずれにとっても、相手が重要な存在であることは疑いがなかった。そして、八八年一〇月、初めて会談したゴルバチョフとコールは一気に関係を改善した。

こうした一連の会談を通じて、ゴルバチョフは西欧の重要性を再認識し、またその首脳たちとの関係を深めていった。それは、後述する「ヨーロッパ共通の家」という彼の外交構想を支えるものとなる。だが、八八年末の時点で、その後二年もたたないうちにドイツが再統一されるとは誰も予想していなかった。だが状況は、東欧の事態によって急速に変わっていくことになる。

東欧の体制変動

一九八九年春、経済危機と労働者のストライキに直面したポーランド政府は、自主管理労組「連帯」との「円卓」交渉を開始した。その結果を受けて六月四日には、冷戦開始後初めての自由選挙が行われ、「連帯」が大勝利を収めた（次章で見る、中国政府が民主化運動を武力で弾圧した「天安門《てんあんもん》事件」と同じ日である）。九月には非共産党員のタデウシュ・マゾヴィエツキが首相に就任する。さらに、一二月に新政府は「市場経済」を開始する計画を発表し、ポーランド共産党の「指導的役割」も憲法の条項から削除された。

八九年にはこうした共産党一党独裁から複数政党制への転換がハンガリー、チェコスロヴァキア、ルーマニア、ブルガリアなど、東欧諸国で生じた。しかもこの体制転換は、ルーマニアを除いてすべて平和裏に達成された。そこには、ソ連の東欧政策の変化が大きく関係していた。

第二次世界大戦後のソ連にとって、東欧は安全保障上最も重要な地域であった。本書でも見てきたように、五六年のハンガリー、六八年のチェコスロヴァキアと、ソ連が軍事力を行使してでも東欧に対するコントロールを維持しようとしてきたことは、その証左だといえる。

しかし八九年初めまでに、ゴルバチョフはそのようには考えなくなっていた。そこにはいくつか理由がある。まず、八五年以降、西側諸国の首脳と接触を重ねたゴルバチョフは、西側がソ連を攻撃する可能性は極めて低く、ソ連の安全保障上、最も重要なのは米ソ核軍縮管理交渉だと考えるようになっていた。第二に、ソ連は、東欧諸国との関係維持のための経済的負担に耐えられなくなりつつあった。八二年ごろから低下し、八六年に暴落した原油価格がソ連経済に打撃を与えたことが、その大きな理由であった。

第三に、このころまでにゴルバチョフは「ヨーロッパ共通の家」という自身の安全保障構想の実現を切望するようになっていた。それは、冷戦対立を終わらせてNATOとワルシャワ条約機構を段階的に解消し、CSCEを欧州安全保障の中心に据え、その枠組みのなかで東欧とソ連を西側、そして世界経済に統合しようというものであった。こうした枠組みにおいてこそ、自身のめざす社会民主主義的で市場経済に基礎を置くソ連は発展していける。これがゴルバチョフの考えであった。

また、近年の研究の多くが指摘するように、ゴルバチョフは、軍事介入で東欧諸国の変化を逆転させるような行動に出れば、彼自身がこれまで達成してきたペレストロイカや対外的な成果が、すべて無になるとも確信していた。それゆえ彼は、前任者たちとは異なり、東欧の体制変化を軍事力で抑圧しようとはしなかった。またゴルバチョフは、東欧諸国内の保守派が武力を使用することも認めなかった。八九年七月のワルシャワ条約機構首脳会議では、「社会主義陣営全体の利益のために、各社会主義国の主権は制限される」とするブレジネフ・ドクトリン（六八年：第7章）を無効化することも合意された。

八九年の東欧の体制転換の最も重要な要因が、各国の改革派、そして一般の人々の運動であることはまちがいない。しかしこうした動きの背後には、「もはやソ連が共産党支配を維持するために、東欧諸国に軍事介入をすることはない」という認識の広がりがあった。それはゴルバチョフの政策転換がもたらしたのである。

ヨーロッパにおけるイデオロギー対立の終わり

他方、東欧の変動に対するブッシュ政権の対応は受動的なものであった。ブッシュ政権は、東欧の政治情勢に積極的に関わろうとはせず、ゴルバチョフの様々な提案にも応じなかった。しかし、一九八九年七月の東欧訪問の帰途、ブッシュは、近い将来、ゴルバチョフと会談することを決めた。東欧諸国の改革派との会談から、「超大国が状況を管理しなければ、事態は東欧と米ソ関係を不安定化させかねない」と判断したのである。

ブッシュの決断によって八九年一二月のマルタ会談への道は開かれた。だが、東欧諸国のほとんどは、この時すでに社会主義体制から脱し、複数政党制と資本主義をベースとした経済体制への道を歩み始めていた。九〇年四月に開催されたCSCE第一回経済協力会議ではボン経済宣言が採択され、ソ連・東欧諸国は生産手段の国有化や中央計画経済を否定して、私有財産制や市場経済システムを受け入れる姿勢を明らかにした。

このように見れば「イデオロギーの優劣をめぐる競争」としての冷戦は、ヨーロッパにおいても八九年末までに決着がついたといってよい。しかし、ヨーロッパ冷戦最大の問題であったドイツ問題は、依然、未解決のままであった。

ベルリンの壁の崩壊

ポーランドやハンガリーが民主化を進めたのに対して、エーリッヒ・ホーネッカー指導下の東ドイツ政府は改革・民主化を拒否する姿勢をとった。経済状況の改善や民主化への希望を失った多くの東ドイツ国民が、ポーランドやハンガリーの西ドイツ大使館に亡命を求めた。九月にハンガリー政府が、中立国オーストリア（第4章）との国境を東ドイツ難民に開放すると、彼らの多くが西ドイツへと向かった。

東ドイツの危機的状況は、ゴルバチョフにとっても大きな懸念であった。だが、頑迷なホーネッカーが指導者である限り、ポーランドやハンガリーのような改革は期待できなかった。一〇月には東ドイツ建国記念四〇周年の式典が開催された。これに出席するためベルリンを訪れたゴルバチョフは、東ドイツ政治局のメンバーに、ホーネッカー排除の容認を示唆する発言を行った。東ドイツの体制改革が進まなければ、彼のめざす「ヨーロッパ共通の家」も実現しないと考えて、ゴルバチョフは、東ドイツの内政に干渉するような態度をとったのだろう。ゴルバチョフ発言の影響の程度については歴史家の間でも議論があるが、まもなくホーネッカーが辞任したことだけは確かである。

しかし指導部が交代しても、東ドイツの状況は改善しなかった。難民の流出はとまらず、事態を制御できなくなった東ドイツ政府は一一月九日に国境の開放を宣言した。ベルリンの壁が崩壊したのだ。一一月二八日にコール西ドイツ首相は、ドイツ再統一へ向けたロードマップである「一〇項目提案」を発表した。統一への流れが動き出したのである。

二つの冷戦後ヨーロッパ秩序構想

本書でも見てきたように、ヨーロッパにおける冷戦の根幹にあったのは、ドイツ問題であった。二度の世界大戦を引き起こした潜在的な強国ドイツを、戦後国際秩序のなかにどのように位置づけ、対独安全保障を確保するかが東西対立の原因となったのだ。それゆえ、ドイツ再統一とヨーロッパ冷戦の終結は、冷戦後のヨーロッパでどのような安全保障体制を構築するのかという問題と不可分の関係にあった。

では各国の政府や指導者たちは、冷戦後ヨーロッパの安全保障秩序について、どのように考えていたのか。大きくいえば、この問題に対する考え方には二つの系譜があった。

一つ目は、旧東ドイツ地域を含む、統一ドイツ全体のNATO加盟である。これはブッシュ政権が当初より支持し、コール首相が後に採択した路線で、最終的にはこれが実現した。もう一つは、CSCEを基礎として、東西ヨーロッパ全体を覆う「汎《はん》ヨーロッパ的」な構想である。

ゴルバチョフの「ヨーロッパ共通の家」は後者に属する。ゴルバチョフは、最終的にドイツが再統一されることに反対ではなかった。しかし、それは「ヨーロッパ共通の家」が実現する——すなわち、二つの軍事同盟が解体され、ソ連・東欧がヨーロッパへと統合される——過程の最後に来るべきものであって、直近で実現されるべきものではなかった。

興味深いのは、少なくとも一九八九年秋ごろまでは、西欧諸国の首脳も、ゴルバチョフの秩序構想——ドイツ再統一は将来の課題であり、統一ドイツは汎ヨーロッパ的な枠組みのなかに位置づけるべきだとする考え——を、多かれ少なかれ共有していたことである。

例えば、八九年六月の独ソ首脳会談でコールは、東欧と東ドイツにおける状況を悪化させる行動をとらないこと、独ソ間の経済協力を拡大することをゴルバチョフに約束した。この会談の共同宣言でも、「ヨーロッパ共通の家」に相通じる「全ヨーロッパ・プロセス」に関する共通ビジョンが打ち出された。コール政権の外相であったハンス＝ディートリヒ・ゲンシャーは、首相以上に汎ヨーロッパ的な秩序の実現を望んでいた。また、八九年一二月三一日に、ミッテラン仏大統領は、東西全ヨーロッパ諸国が参加する「ヨーロッパ連合」を九〇年代に創設する構想を打ち出している。ミッテランはこの枠組みのなかでドイツを再統一するつもりであり、彼の構想は、西欧諸国首脳の構想のうちでゴルバチョフのそれに最も近かった。

しかし、ブッシュやマンフレート・ヴェルナーNATO事務総長の考えは異なっていた。彼らは、東欧情勢が流動的な状況下においては、冷戦期に確固たるものとなっていたNATOを中心とする枠組みを維持し、冷戦後ヨーロッパの安全保障の柱とすることが肝要だと考えていた。そのためには統一ドイツのNATO加盟と米軍のドイツ駐留継続が不可欠な要素だったのである。

この後見ていくように、こうした冷戦後のヨーロッパ国際秩序をめぐる食い違いを背景に、ドイツ再統一をめぐる外交交渉は展開されていくことになる。

一〇項目提案が投げかけた波紋

近年の研究が明らかにしているように、コールが一〇項目提案を提示したきっかけは、ゴルバチョフ側近のスタンドプレーにあった。一一月二一日、ドイツ問題に詳しいソ連外交官ワレンティン・ファーリンが、ゴルバチョフに内密で西ドイツ側と接触した。これは早急なドイツ再統一を妨げるためのものだったが、コールはこれを逆手にとって一〇項目提案を提示したのだ。

一一月末の書簡と一二月三日の会談において、コールは、ブッシュに一〇項目提案に関する説明を行った。彼は、決して無謀な振る舞いすることはないと確約したうえで、再統一へ向けて行動せねば西ドイツ国内で中立主義的な勢力が台頭する可能性があると述べた。この会談でブッシュは再統一に「青信号」を出したとコールは回想している。

一方、一〇項目提案はゴルバチョフやミッテランの汎ヨーロッパ的構想には大きな打撃となった。彼らにとって、ドイツ再統一は汎ヨーロッパ的な構想の最終段階で実現されるべきものであった。しかし、一二月六日の会談の際、ミッテランがゴルバチョフに語ったように、一〇項目提案は、この優先順位を「すべてひっくり返してしまった」のである。

ドイツ統一交渉では二つの問題が最も大きな争点となった。一つ目は、再統一されたドイツのNATO帰属と、NATOの東方拡大をめぐる問題である。二つ目は、ソ連に対する西側の経済援助の問題である。この二つの問題の結びつきを念頭に置きながら、記述を進めていこう。

NATOのなかの統一ドイツ

一九九〇年一月二六日、ゴルバチョフは側近と協議を行い、ドイツ再統一は認めても、そのNATO加盟は阻止するとの決定を下した。その約二週間後の二月九日、訪ソしたジェームズ・ベーカー米国務長官はゴルバチョフに、ソ連が統一ドイツのNATO帰属を容認するならば、「NATOの管轄範囲は一インチたりとも東には拡大しない」と発言した。ベーカーは、NATOの防衛範囲は東ドイツの領域には拡大されないという姿勢を示したのである。翌二月一〇日には、コール首相もモスクワで同じ主旨の発言を行ったため、ソ連側は、米独はNATOの東方拡大を行わないことを約束したと判断した。これを受けてソ連は、東西二つのドイツ国家間で行われた協議の結果を基礎に、米英仏ソ占領四カ国が協議を行うという「2＋4」枠組みでドイツ統一交渉を行うことに合意したのである。

しかし、その後の交渉はまったく異なる展開をたどった。「2＋4」枠組みは米独によって骨抜きにされ、重要な事柄は米、西ドイツ、ソ連の三国の交渉で決定された。また、米独は二月のベーカーとコールの発言を覆し、東ドイツの領域を含めた統一ドイツの全体をNATOの防衛範囲とすることを主張していった。

米独が立場を修正した理由については諸説ある。ドイツ再統一に対するブッシュ政権の政策を研究した吉留公太らが指摘するように、（一）冷戦終結に向けてNATO問題でソ連に対して妥協的な態度をとったベーカーと、強硬な立場に立つブレント・スコウクロフト国家安全保障問題特別補佐官らの間に存在したブッシュ政権内部の路線対立が、二月半ばまでに後者に収斂《しゅうれん》し、その後、（二）二月末のキャンプ・デービッド会談で、コールに対してブッシュがアメリカと歩調を合わせるよう同意を取りつけたのだろう。

なお、ドイツ再統一に関する著作のなかで板橋拓己《いたばしたくみ》は、汎ヨーロッパ的な秩序構想を強く支持していたゲンシャーは「この会談から意図的に排除されていた」と指摘する。ゲンシャーを蚊帳の外に置いてコールとブッシュが合意したことで、「ゲンシャーの構想の命脈は断たれた」のだった。

他方ソ連側は、統一ドイツのNATO帰属に反対する立場をとり、交渉は平行線をたどった。しかし、次第にソ連の態度は変化し始める。米独に対してソ連側は、NATO帰属問題で譲歩する可能性をほのめかしつつ、ソ連に対する西側の大規模な経済援助の提供を求めた。また統一ドイツの兵力数に上限を課すことや、NATOとワルシャワ条約機構の性格を軍事同盟から政治的なものへと変化させることも要求した。

対ソ経済援助

近年公開が進んだ旧ソ連の文書に基づく研究の多くが、こうしたソ連の態度の背後に、国内政治・経済上の苦境があったことを示している。一九九〇年初めからソ連の国内状況はさらに悪化しつつあった。同年三月にソ連は大統領制へと移行し、ゴルバチョフが初代大統領に就任した。しかし、市場経済への移行はスムーズに進まず、経済・金融危機が進んでいた。また、九〇年一月にはアゼルバイジャンの民族紛争が悪化し、三月にはリトアニアが独立を、エストニアが完全な独立に向けた移行期間を、それぞれ宣言した。さらにゴルバチョフは、改革派と保守派の双方から攻撃を受けていた。こうしたなか、ゴルバチョフは、当面の経済危機を乗り切り、市場経済への移行を進めるために西側からの大規模な経済支援を欲していた。

ソ連国内政治におけるゴルバチョフの立場については、西側諸国も懸念していた。特にコールは、保守派がゴルバチョフを追い落とせば、ドイツ統一に関するソ連の態度は大きく後退すると考えていた。そこで彼は、ゴルバチョフの国内政治上の立場を安定化させ、NATO帰属問題を解決するために大規模な経済支援を決意する。コールは、五月にまず五〇億マルク（当時の為替レートで約四六二五億円）の借款を、その後、七月の訪ソの際にも追加の経済援助を約束したのである。

他方で、コールは、ブッシュに対しても経済援助の必要性を繰り返し説いた。レーガン政権から双子の赤字を引き継いでいたブッシュは、議会が反対することを確信しており、対ソ経済支援には後ろ向きであった。ただし、ブッシュは、西ドイツが支援することについては問題ないという態度をとった。

とはいえ、ゴルバチョフの国内政治上の立場を支えることについては、ブッシュもその必要性を認識していた。そこでブッシュは、コールらの進言を受け入れ、NATOロンドン宣言の採択に向けて尽力した。これはワルシャワ条約機構諸国に対して武力を行使しないことを共同で宣言し、ヨーロッパ内の核砲弾撤去などを提案するものであった。同宣言は、七月初めのNATO首脳会議で採択された。

ヨーロッパ統合が果たした役割

ところでドイツ再統一をめぐる国際関係を見るうえでは、ヨーロッパ統合が果たした役割も見逃せない。一〇項目提案後、コールは米ソのみならず、フランスをはじめとするEC諸国にも配慮しなければならなかった。ミッテランはドイツ再統一それ自体に反対ではなかった。しかし、ミッテランはドイツの再統一が、冷戦期に発展してきた独仏和解とヨーロッパ統合を損なってはならないと考えており、コールもそのことを十分に承知していた。

一〇項目提案が出されたころ、ミッテランとコールは経済通貨同盟（EMU）をめぐって対立していた。しかし、コールがフランスに譲歩する姿勢を示したことから、一二月初めにフランスのストラスブールで開催されたEC首脳会議では、ドイツ再統一への支持が表明された。さらに一九九〇年四月一九日に独仏首脳は共同声明を出し、経済・通貨統合と並行してヨーロッパの政治統合を推進し、九三年一月一日までに三つの領域において統合を実現するよう求めた。四月末にEC一二カ国はこれを受け入れ、これがヨーロッパ連合（EU）発足に関する九二年のマーストリヒト条約調印へとつながった。

冷戦期に進展したヨーロッパ統合の最も重要な目的の一つは、周辺国の直接的な脅威にならない形で、西ドイツのパワー拡大を可能にするための枠組みを用意することにあった。再統一されたドイツのパワー拡大に対処するための方策として、EC諸国は、統合の枠組みのさらなる強化を選択したのである。

ドイツ再統一とその意味

ドイツ統一条約が調印されたのは一九九〇年九月であった。この条約によって統一ドイツの国境が最終的に画定され、ドイツによる武力の不行使が確認された。またドイツが核・生物・化学兵器の保有と使用を放棄することや、核不拡散条約（NPT）への参加を継続すること、ドイツ軍の兵力を三七万人にまで削減することなども定められた。そして九〇年一〇月三日、東ドイツが西ドイツに吸収される形でドイツは再統一された。

同じころには東側でも大きな変化が起こっていた。九〇年六月に開催されたワルシャワ条約機構首脳会議では、同機構の政治同盟化、統一軍司令部の解体などが宣言された。その半年後の一一月にはCSCEサミットが開催される。ドイツ統一交渉と平行して、九〇年三月からはヨーロッパの通常兵力削減に関する欧州通常兵力（CFE）条約交渉も行われていたが、CSCEサミットではCFE条約が調印され、冷戦期に対峙していた二つの軍事同盟は「もはや敵ではない」とうたうNATO・ワルシャワ条約機構の共同宣言が発せられた。そして、翌九一年七月にはワルシャワ条約機構が正式に解体された。

ドイツが再統一され、東西の軍事ブロックが互いに敵意を否定したこと、さらにはその一方が解体したことで、地政学的な安全保障をめぐる対立としてのヨーロッパ冷戦も終了した。八七年のINF条約締結から九〇年のCSCEサミットまでの過程は、ヨーロッパにおける安全保障上の諸問題が、関係国の交渉と合意によって解消されていく過程であった。

しかしこの過程は、将来への禍根を残すものだったとする議論もある。ドイツ再統一に関する国際政治史を著したメアリー・サロッティは、冷戦後ヨーロッパ秩序形成の特徴を「プレハブ・モデル」と表現する。NATOとヨーロッパ統合という、ドイツのパワー管理を重要な目的とする冷戦期の西欧の安全保障体制が、旧東ドイツを包含する形で冷戦後に持ち越された——つまり、出来合いのものが新しい場所に設置された——という意味である。

裏返せば、プレハブ・モデルによるドイツ再統一は、ゴルバチョフやミッテランらが求めていた、ソ連が参加し、東西ヨーロッパ全体を包含するような安全保障秩序の樹立が阻まれていく過程でもあった。こうした理解に基づいて、サロッティは、汎ヨーロッパ的な秩序にソ連を組み込むことができなかった冷戦終焉期は「失われた機会」だったと主張する。

こうした議論に対してはもちろん反論もある。例えば、フランスのソ連史家マリー＝ピエール・レイは、汎ヨーロッパ的秩序の実現は著しく困難であったはずだと指摘する。冷戦終結によって、ようやくソ連の支配から解放された東欧諸国は、西側に接近し、NATOやECになるべく早く加盟することを望んでいた。当然ながら東欧諸国は、その実現に時間がかかると見込まれた汎ヨーロッパ的構想には反対していた。

冷戦後にNATOとEUが東方へ拡大したことは、レイの指摘を裏打ちするものといえる。しかし、現在の西側とロシアの対立を視野に入れれば、サロッティの指摘にも耳を傾ける必要があるだろう。そして同様の問題は、ドイツ再統一後の米ソ関係、とりわけ後述する核の問題にも見いだすことができるのである。

3　湾岸危機からソ連崩壊へ

湾岸戦争

独ソ両国がドイツ再統一に合意してからまもない一九九〇年八月二日、独裁者サダーム・フセインの率いるイラクが隣国クウェートに侵攻し、湾岸危機が始まった。すぐにブッシュ政権は、ソ連に対してアメリカと歩調を合わせてイラクを非難するよう求めた。ソ連にとってイラクは、中東で最も関係の深い国の一つであった。イラクはソ連から大量の最新鋭兵器を購入し、また多くの軍事顧問や技術者を受け入れていたから、もし米ソが共同でイラクに対抗すれば、多くのソ連人が人質になるかもしれなかった。そのためソ連政府内でも、アメリカとの共同行動には反対する声が強かった。

しかしゴルバチョフは、すぐに米ソ共同声明に同意した。そして彼はアメリカに同調する姿勢を貫き通す。一一月末には、イラクに対して九一年一月一五日までにクウェートから撤退するように求め、応じなければ国連加盟国に「必要なあらゆる措置をとる」ことを認める国連安保理決議六七八号をアメリカと共同で提案した。この決議に基づいてアメリカは、九一年一月にイラクを攻撃し、湾岸戦争が始まった。

前節で見たように、ゴルバチョフがドイツ再統一問題で大きく譲歩し、湾岸危機でもアメリカへの協力姿勢を示した背後には、西側の経済支援に対する期待があった。ドイツ再統一について独ソ合意がなされた際に、ソ連に対する西ドイツの大規模な経済支援が重要な役割を果たしたことは、すでに見たとおりである。しかし、円滑に市場経済に移行し、国内政治を安定化させるため、ゴルバチョフは、西側からさらなる支援を必要としていた。

九〇年の春から秋にかけて、ゴルバチョフはブッシュをはじめ、西側の指導者たちに支援を求め続けた。しかし、経済改革の方針をめぐってソ連政府内の方針が分裂していたこともあり、ドイツを除けば西側諸国の反応は冷淡であった（次章で見るように、日本も北方領土問題の解決を、経済援助の条件とする態度をとっていた）。市場経済への移行が進まず、国内政治もさらに不安定化してソ連は危機的状況へと陥りつつあった。

ソ連邦解体

一九九一年春までには、ゴルバチョフの国内政治上の立場や、ソ連邦内の民族問題はさらに悪化し、ソ連邦解体の可能性が高いとの見方が強まった。同年一月にソ連は、前年に独立を宣言していたリトアニアの首都ヴィリニュスに特殊部隊を派遣（ただし、これにゴルバチョフが関わっていたのかどうかについては議論がある）するなどして統制を強めた。だが、三月にはエストニアとラトヴィアの住民投票でも独立派が多数を占めた。

こうした状況に対応するため、ゴルバチョフは、ロシアやウクライナをはじめとするソ連邦の各共和国により大きな権限を与える、「新連邦条約」を提案した。各共和国を懐柔し、連邦制を維持しようとしたのである。だが、条約提案への反発は強かった。六月にはソ連邦最大のロシア共和国で初めての直接選挙が実施され、改革派で反ゴルバチョフのボリス・エリツィンが大統領に選出された。

まもなく、ソ連崩壊への大きな一歩となったクーデタが発生する。八月一九日、ペレストロイカに反対してきたソ連政府内の保守派の一部が、クリミア半島の別荘で休暇中だったゴルバチョフを軟禁した。彼らの直接の狙いは、八月二〇日に締結予定の新連邦条約の調印を防ぐことであった。休暇直前にエリツィンらと会談したゴルバチョフは、新連邦条約締結後、クーデタの首謀者となる一派を解任すると告げていた。この発言が盗聴されていたのだ。

クーデタの動きにエリツィンは抵抗を示し、これに軍や市民が加わった。アメリカもエリツィンを支持し、クーデタはわずか三日で失敗に終わった。ゴルバチョフも無事に救出され、ソ連邦の大統領職に復帰した。しかしクーデタをきっかけにゴルバチョフの政治力は低下し、エリツィンら改革派が台頭した。九一年一一月にはソ連共産党も活動を禁止され、ソ連を構成する共和国も次々に独立を表明していった。一二月二五日ゴルバチョフは大統領を辞任し、その翌日にソ連邦はついに消滅した。

核兵器をめぐる米ソ合意

一方、アメリカは一九九一年春以降、それまで後ろ向きであったソ連との核軍備管理に再び傾注するようになった。ゴルバチョフの失権やソ連崩壊に備えて、核兵器に関する安全保障措置を可能な限りゴルバチョフとの間で達成しようとしたのである。最後の米ソ首脳会談となった九一年七月末のモスクワ会談では、両国が保有する戦略核兵器の五〇％削減に合意する「第一次戦略兵器削減条約（STARTI）」が締結された。

さらにブッシュは、ソ連でクーデタが発生した約一ヵ月後の九月二七日、海外展開されたアメリカの戦術核兵器をすべて撤去する方針を明らかにし、ソ連に対して同様の措置をとるように呼びかけた。この「大統領核イニシアチブ（PNI）」は、ソ連邦の各共和国の手に渡る前にソ連の核兵器をモスクワの管理下に置くことで、核兵器の拡散・流出を防止しようとするものであった。一〇月五日にはゴルバチョフもPNIの受け入れを表明した。アメリカはソ連崩壊までに、核軍備管理の分野で手に入れたかったものを概ね手中に収めていたのである。

九一年のSTARTI締結と戦術核撤去合意は、米ソ冷戦終結の重要な成果として評価されるべきである。しかし、アメリカの歴史家トーマス・ブラントンはこうした米ソ間の合意は、ブッシュ政権の態度次第でもっと早く達成できたと指摘する。

八九年九月に公表された国家安全保障命令二三号（NSD－23）というブッシュ政権の文書では、米ソ関係改善のためにソ連が満たすべき条件として次の三点をあげている。（一）「現状よりも小規模で脅威の低い戦力体制の採択」、（二）「自由主義諸国とのより生産的で協調的な関係性のために必要な、ソ連国内政治上の基盤を形成するための」民主化、（三）「中東欧諸国による自己決定」原則の受け入れ。ブラントンは八九年初めの時点ですでにゴルバチョフはこうした条件を満たしていたと指摘する。このことは本章のこれまでの記述からも明らかだろう。

まず（一）については八八年一二月の国連演説での一方的兵力削減の表明によって、（二）は八八年以降の民主化の動きによって、（三）については、八九年の東欧民主化に対するソ連の態度によってである。しかも、STARTIの合意内容はゴルバチョフが八七年から提案し続けていたものと、PNIも彼が八九年春に提案したものと、同じ内容であった。こうした事実に基づき、八〇年代後半は米ソ核軍備管理の「失われた機会」だったとするブラントンの議論には説得力がある。

本章で見てきたように、その評価はともかく、米ソ冷戦の終わりは核軍縮に関する超大国の合意を伴うものであった。また、ヨーロッパでは冷戦期の多国間枠組みが、冷戦後にも適用される形で新しい秩序が形成された。他方、東アジアと第三世界における冷戦の終わりは、米ソ間、そしてヨーロッパとは異なる形で展開した。次章では、この点を詳しく見ていこう。

第11章

東アジア・第三世界における冷戦の終わり

アフガニスタンから撤退するソ連軍（1989年2月）

1　克服されない東アジアの分断

台湾海峡の「現状維持」

第9章で見たように、一九七〇年代末に米中は、日本とともに、ソ連に対する提携関係を深めていった。ただし関係を進展させるためには、両国の間に横たわる台湾問題を処理しなければならなかった。

七九年の米中国交正常化（第9章）に際して、アメリカは、引き続き中国に台湾問題の「平和的解決」を求める一方、台湾関係法に基づいて台湾防衛に関与し続ける姿勢を明らかにしていた。対する中国は、軍事力を主たる手段とする「台湾解放」から「祖国の平和統一」へと統一政策を転換する姿勢を示す。これにより米中は、台湾問題についてそれぞれの既存の立場を維持しつつ、関係を深めることに成功した。

その後、八二年に「独立自主」を対外方針として採用した中国は、日米との対ソ連携から抜け出し、ソ連との関係改善を模索していった。だが、米中は引き続き、安定した関係を望んでいた。米ソ「新冷戦」が続くなか、アメリカは依然として中国を対ソ戦略上重視していた。他方、「改革開放」路線をとる中国は、日米との経済関係の拡大を望んでいた。また、ソ連との和解を達成していない以上、アメリカとの良好な関係は、対ソ関係が悪化した場合の「保険」としても重要であった。

安定した関係を望む米中両国は、互いに台湾海峡の「現状」維持に努めた。アメリカは、従来からの日米・韓米同盟および、台湾関係法を通じた台湾防衛への関与を堅持する一方、中国が台湾問題の「平和的解決」の方針をとり続けることを望んだ。中国の方では、武力による中台の統一を選択肢としては放棄しないという原則こそ維持したものの、アメリカが台湾防衛への関与を続けていたこともあり、「平和統一」の方針を掲げ続けた。

こうして八〇年代を通じて台湾海峡の「現状」は維持された。そして台湾海峡の「現状維持」を可能にした中国外交の変化は、朝鮮半島にも徐々に影響を与えるようになっていく。

朝鮮半島の変化

中国は北朝鮮を支援して朝鮮戦争に参戦し、一九六一年には中朝友好協力相互援助条約を締結して正式に同盟国となった（第7章）。その後、紆余曲折《うよきょくせつ》があったものの、両国は八〇年代に入っても密接な関係を維持していた。

他方、中国と韓国の間にはほとんど接触がない時代が続いた。それでも七八年末ごろからは、両国間での間接貿易が始まった。その後「独立自主」の方針を選択した中国は、将来的に韓国と国交を樹立する可能性を検討し始める。その結果、朝鮮半島を安定化させるため、南北間の対話を促進するとの方針がとられるようになる。同盟国である北朝鮮との関係を保ちつつ、韓国と関係を改善するには、南北和解が必要だと考えられたのだ。

韓国側でもこれに応じる動きが生じた。八三年には韓国の外務部長官が、ソ連・中国との関係正常化をめざす「北方外交」を実現すべきだと述べた。翌八四年には全斗煥《チョンドファン》大統領が、七〇年代前半にキッシンジャーが失敗した「クロス承認」（第8章）の実現をめざして動き始める。その目的は四〜五年間、南北間の平和共存体制を維持し、八八年のソウル五輪前後にクロス承認を達成することにあった。

事態は韓国政府が望むようには進まなかった。北朝鮮への配慮から中国が、経済やスポーツ交流などを中心に、少しずつ韓国との関係を進めようとしていたからだ。八八年までに中韓の貿易総額は三〇億ドルを超えていたが、中国側は、韓国と外交関係を樹立する用意はないと繰り返した。それでも後で見るように、九〇年以降に朝鮮半島を取り巻く状況が変化すると、九二年には一気に国交正常化が進んでいく。そこに至る変化のなかで大きな役割を果たしたのがゴルバチョフのソ連であった。

中ソ関係の正常化

一九八六年七月にゴルバチョフは、東アジア政策の枠組みを提示する演説をウラジオストークで行った。ここで彼は、アメリカ、中国を含めた包括的な安全保障体制をアジアで構築することを提案した。そして中国、日本と関係を改善して地域の緊張を緩和し、アジア・太平洋諸国との経済的相互依存を深化させる必要性を訴えた。ゴルバチョフは、東アジアでも新思考外交を展開する意図を明らかにしたのである。ただし、本当のところゴルバチョフは、対中政策を除いて明確な方針を持っていなかった。そのため、安全保障に関する包括的な枠組みを構築することはできず、日本や韓国にも場当たり的な対応をとることになる。

アジア政策のなかでゴルバチョフが最も重要視していたのは中国であった。ウラジオストーク演説のなかでゴルバチョフは、八二年に中国が提示した関係改善のための「三大障害」（第9章）のうち、アフガニスタンのソ連軍の一部を撤退させること、またモンゴルのソ連軍撤退に向けてモンゴル政府と交渉中であることを明らかにした。もう一つの障害であるカンボジアからのベトナム軍撤退については、ソ連が直接関与していないとして中国の要求に応じなかったが、他の二つについては譲歩する姿勢を示したのだ。さらにゴルバチョフは、六九年の中ソ武力衝突（第7章）の原因となっていた国境河川の諸島の領有問題についても、中国の立場を受け入れる用意があることを明らかにした。

中国側もゴルバチョフ演説に対して好意的に反応し、まもなく国境交渉が開始された。三大障害についても鄧小平は、障害を一つ一つ解決すればよいと、柔軟な姿勢を示した。八九年にソ連・モンゴル間でソ連軍撤退に関する合意が成立し、後述するように八八年五月にはソ連軍のアフガニスタン撤退も始まった（八九年二月完了）。さらに、八八年夏までにはベトナムもカンボジア撤退を決定した。こうして、三大障害の解決に見通しがつき、八九年五月にはゴルバチョフ訪中が実現した。六〇年代初めから東アジア冷戦構造の中核的な要素だった中ソ対立はこうして終わり、中ソは関係を正常化した。

天安門事件

ゴルバチョフの訪中は中国国内が騒然とするなかで実施された。一九八九年四月中旬、胡《こ》耀邦《ようほう》・元中国共産党総書記が急逝したことをきっかけに、学生や知識人らによるデモが始まった。それは、学生の自由化運動に理解を示したことを理由に八七年一月に失脚した胡耀邦の名誉回復を求めるものとして始まった。だが、まもなくそれは、民主化を要求するものに転じ、その規模も拡大していく。人々は天安門広場を占拠し、デモを繰り広げた。

中国政府はゴルバチョフ訪中を当初の予定どおり実施した。しかし、天安門広場で歓迎式を行うことはできなかった。五月一七日にゴルバチョフが帰国すると、一九日夜に中国政府は戒厳令を布告する。そして、六月四日未明に人民解放軍を投入し、天安門広場のデモ隊を武力で鎮圧したのである。

先述したように、ゴルバチョフは東欧の民主化運動を武力で抑圧することを望んでいなかったが、天安門事件はこうした彼の考えをさらに強めることになったという。東アジアとヨーロッパの変化は、互いに影響を与えあいながら展開していた。

アジアINF交渉

ヨーロッパとアジアの連関性は、INF問題についても見てとることができる。すでに見たように、一九七〇年代後半からソ連は、ヨーロッパとアジアを標的とするINF・SS－20の配備を始めていた。八〇年代にはヨーロッパINFが米ソ間での核軍備管理交渉の対象となっていたが、これは、アジア、特に日本の安全にも大きく影響し得る問題であった。

INF交渉が行き詰まった八三年一月、ソ連は、ヨーロッパ向けINFを七〇基削減し、それをアジアに移転するという提案を行った。これが実現すれば、ヨーロッパ配備のINFが削減される一方、アジアと日本を射程に収めるINFは既存の一〇〇基から一七〇基まで増大する。また、米ソがヨーロッパ配備のINF全廃に合意しても、ソ連がアジアに向けて配備した一〇〇基は削減されず、そのまま残される可能性があった。すなわち、ヨーロッパINF交渉が、アジアのINF問題を置き去りにして進展する可能性があった。

こうした状況に危惧を抱いた中曽根首相と外務省は、ヨーロッパとアジアのINFを同時に削減するようレーガン政権に働きかけた。中曽根はまた、ウィリアムズバーグ（アメリカ・ヴァージニア州、八三年）やニューヨーク（八五年）での先進国首脳会議でも、ソ連に対する西側の結束を維持するよう主張した。レーガンは中曽根を高く評価しており、日本はアメリカのINF交渉方針に日本の立場を織り込ませることにかなりの程度成功した。結局、八七年に締結されたINF条約において、米ソは、ヨーロッパとアジアの両方でのINF全廃を決定した。

しかしながら、中曽根政権の核軍縮外交について詳細に検討した瀬川高央《せがわたかお》は、これを日本外交の直接的な成果と考えることは困難だと指摘する。アジアでのINF全廃を決断するにあたってゴルバチョフが念頭に置いていたのは日本ではなく、同様の要求をソ連に行っていた中国との関係であった。東アジアにおいてゴルバチョフが最も重視していたのは、中ソ和解だったからだ。いずれにせよ、日本の懸案の一つは解決した。しかし、日ソ関係改善の障害はもう一つ残っていた。北方領土問題である。

北方領土問題に阻まれる日ソ関係

「戦後政治の総決算」を掲げていた中曽根は、北方領土問題の解決と日ソ平和条約の締結をめざしていた。ゴルバチョフも、領土問題の解決が対日関係改善の鍵となることは理解していたが、書記長就任直後に側近が提案した、四島返還によって対日関係を打開するという方針は拒絶した。北方領土問題の大家である長谷川《はせがわ》毅《つよし》が指摘するように、ゴルバチョフは、北方四島がソ連支配下にあるのは第二次世界大戦の結果によるものと確信していた。また、アメリカやヨーロッパ、中国との関係改善を最優先し、日本との関係改善には低い優先順位しか与えていなかった。

これに対して外務省を中心とする日本側は、幾分か転換の兆しや揺れ動きがあったものの、領土問題の解決を、ソ連との関係正常化や長期的な対ソ経済協力の前提条件とする「政経不可分」の立場を貫いていた。日ソの立場の違いは、ゴルバチョフ時代においても北方領土問題の解決を極めて難しいものとしていた。一九八六年には、一旦は八七年一月に予定されたゴルバチョフ訪日がキャンセルされ、翌八七年にはココム禁輸法違反で東芝機械が摘発された事件などもあって、日ソ関係はさらに悪化した。

こうした事態に打開の兆しが見られたのは八九年のことである。八九年九月、ソ連側は突如、九一年四月にゴルバチョフが訪日すると日本側に伝えた。だが、前章で見たように、この一年半の間にソ連は、東欧情勢の激変とドイツ再統一を経験することになる。その過程でゴルバチョフの国内政治上の立場はさらに悪化した。ゴルバチョフは左右双方から批判に曝され、ロシア共和国の元首として有力な政治家となっていたエリツィンも、北方領土問題をゴルバチョフ攻撃の材料とした。

こうして訪日の前には、ゴルバチョフが領土問題で譲歩することは不可能な国内政治状況ができあがっていた。九一年三月二三日、側近と対日政策に関する会議を持ったゴルバチョフは、北方四島のいずれをも日本に返還することはあり得ないとの決定を下した。自民党の小沢一郎《おざわいちろう》幹事長が訪ソし、ゴルバチョフと会見したのはその二日後のことである。ここで小沢は、五六年日ソ共同宣言の有効性を認めて平和条約交渉の発端とすることを提案、それと引き換えに日本の経済界が大規模な対ソ援助を行う可能性を示唆したが、ゴルバチョフはこれに応じなかった。

翌月ついに訪日したゴルバチョフは海部俊樹《かいふとしき》首相と会談したが、ここでも議論は平行線をたどった。冷戦末期においてすら、北方領土問題は日ソ関係改善の大きな障害であり続けた。

一方、この時、朝鮮半島では大きな変化が生じていた。

韓ソ・韓中の国交回復

先述したように一九八〇年代前半、中国とは密接な関係を維持していた北朝鮮は、八四年になるとソ連との関係改善にも動き出す。八四年五月、金日成は二三年ぶりに訪ソしてチェルネンコ書記長と会談した。援助の獲得のみならず、ソ連が韓国と関係を改善しないように釘を刺すことが目的であった。この動きは成功し、以降、北朝鮮に対する軍事・経済援助は拡大し、金日成はソ連から原子力発電のための軽水炉供与の同意も得た。こうしたソ連・北朝鮮の関係が八六年まで続く一方、ソ連と韓国の間にはほとんど関係がないに等しい状態だった。

韓国に対するソ連の態度に変化が見られたのは、八七年から八八年にかけてである。当時のソ連経済は低迷していたが、領土問題で対立する日本との経済関係拡大は望めなかった。そのためソ連は経済発展の著しい韓国との関係改善を進め、その経済力をソ連極東地域の開発に利用しようと考えた。ボイコットを求める金日成の反対を押し切って、ゴルバチョフがソウル五輪へのソ連選手団派遣を決定したのはそのためであった。

八八年には韓国側も動きを起こした。四八年の建国後、長きにわたって権威主義体制下にあった韓国では、八〇年代半ばに民主化運動が活発化し、八七年六月、全斗煥は退任へと追い込まれた。その後継者に指名された盧泰愚《ノテウ》大統領候補はついに民主化を宣言した。一二月に実施された大統領選挙で当選した盧泰愚は、八八年から東側諸国に対する「北方外交」を開始し、ソ連との国交樹立を見据えた秘密外交を展開した。

当初、国交樹立に熱心だったのは韓国の方であった。北朝鮮から南北「二つのコリア」を認めたと批判されることへの懸念から、ソ連の反応は鈍かった。だが九〇年代に入ると韓ソ関係は大きく動き出す。九〇年三月、盧泰愚の特別補佐官であった朴哲彦《パクチョルオン》が、早急な国交樹立を要請する大統領親書を携えて訪ソした。そして、朴は、ソ連側が韓国との外交関係樹立を適切な形で保証すれば、韓国がソ連極東およびシベリアへの投資プロジェクトを実行するつもりだと伝えた。

五月後半、ゴルバチョフは盧泰愚との首脳会談を決定した。ソ連外交史家のセルゲイ・ラドチェンコによれば、この決断は、「新思考」ではなく純粋に経済的な理由によるものであった。ドブルイニン元駐米大使に韓ソ首脳会談のアレンジを依頼した際、ゴルバチョフは、「カネが必要なのだ」と語ったという。ゴルバチョフ・盧泰愚会談は六月四日にサンフランシスコで開催され、九月三〇日に両国は国交締結に合意した。翌九一年一月、韓国はソ連に対して三〇億ドルの借款供与を約束、同年末までには総額で約一四億七〇〇〇万ドルが実際に供与された。

孤立する北朝鮮

韓ソの関係改善は、当然ながら北朝鮮にも大きな影響を与えた。一九九〇年九月上旬、ソ連外相のエドゥアルド・シェヴァルナッゼが北朝鮮を訪問した。しかし金日成との会談は許されず、金永南《キムヨンナム》外相との会談が行われた。この会談の席上、金永南は、ソ連の行動は六一年の朝ソ条約に違反するとして、安全確保のために核武装する可能性を示唆した。

その一方で北朝鮮は、中ソの韓国接近に対抗するため、日米両国と関係改善の可能性を探っていた。サンフランシスコでの韓ソ首脳会談が決まった九〇年五月下旬、金日成は朝鮮半島の米軍に絶対反対を示していた方針を変更し、段階的撤退の受け入れを示唆する演説を行った。五月末には、朝鮮戦争時代の行方不明米兵の遺骨五柱を返還し、新たな軍縮提案を行った。北朝鮮はまた、韓ソの国交締結が間近に迫った九月下旬、平壌を訪問した金丸信《かねまるしん》元副総理らに、突如として国交正常化交渉を提案した。その結果、九一年一月には日朝国交正常化交渉も開始される。九一年までに北朝鮮は、クロス承認を受け入れる方向に転じていたのである。

こうした韓ソ、日朝間での動きと北朝鮮の方針転換を受けて、中国はこれを推進する方向で行動した。中国は北朝鮮に国連加盟申請を促し、これを北朝鮮が受け入れると、国連で根回し工作を行った。そして九一年九月には韓国と北朝鮮の国連同時加盟が実現した。一二月には、両国が互いに相手の体制を承認し、相互不可侵と南北間の協力・交流の促進をうたう「南北基本合意書」が締結され、さらには、核実験と核兵器の製造および使用を放棄する「朝鮮半島非核化共同宣言」も発表された。

その後中国はクロス承認を実現するため、まず自国が韓国との国交樹立に踏み切った。その背後には、韓国との経済関係拡大への期待感に加えて、台湾を孤立させる意図もあった。韓中が国交を回復すれば、韓国は台湾と断交せざるを得ないからだ。九二年八月、中韓は国交を樹立した。だが北朝鮮と日米両国の関係は改善しなかった。日本とは賠償問題と拉致問題がネックとなった。さらに北朝鮮の核開発疑惑が日米との関係改善の障害となったのである。

続く分断

東アジアにおける冷戦の終わり方の特徴は、前章で見たヨーロッパ冷戦の終焉過程と比べてみると分かりやすい。

ヨーロッパでは、NATOとヨーロッパ統合という冷戦期の西側における多国間の制度的枠組みが、冷戦後の世界に移植される形で冷戦が終わった。これとは対照的に東アジアでは、冷戦期に敵対していた各国の関係が二国間ベースで改善されていったといえる。

一九七〇年代末に一旦形成された米中日の対ソ連携は、中国が八二年ごろから「独立自主」の方針へと転換したことで解消された。しかし、八〇年代を通じて日米・韓米同盟、そしてアメリカの台湾防衛への関与が継続したことに加えて、米中はともに安定的な関係を望んでいた。そのため中国は、台湾問題に関する既存の立場を維持しつつも、武力統一を求めることはなく、中台分断の現状は維持された。

こうした背景のもと、「改革開放」路線をとる中国の「独立自主」外交や、韓国の「北方外交」が展開され、ゴルバチョフ登場後はソ連も外交方針を転換していく。その結果、東アジアでも「イデオロギーをめぐる対立」としての冷戦は次第に意味をなさなくなり、冷戦期に敵対していた韓ソ・中韓関係は正常化へと導かれていった。

また、この時期には、日ソ、日朝間でも二国間ベースで関係改善の動きが見られ、いずれも他の二国間関係と互いに作用しながら展開していった。冷戦末期の東アジア冷戦に関する論考で金成浩《きむそんほ》が指摘するように、日ソ関係の行き詰まりが韓ソ関係の改善を促し、韓ソ関係改善に反発した北朝鮮が核開発に傾斜したことが、今度は日朝関係の修復を難しくする一因となったのだ。また、韓ソ関係の修復や――結局実現しなかったが――日朝関係改善の動きが韓中の国交樹立を促進し、他方で、韓ソ関係の展開が北朝鮮の核開発との関連で米朝関係の修復を不可能にしていったのである。

こうした錯綜した二国間関係が相互作用した結果、七〇年代末の時点で対立していた東アジア諸国間関係のうち、中ソ、韓ソ、韓中はそれぞれ、九二年までには関係正常化に成功した。しかし、その一方で、冷戦期に固定化された日ソ、日朝、米朝間に存在する領土や核をめぐる問題は未解決のままとなった。さらには、冷戦以前、もしくは冷戦初期に内戦として始まり、米中ソの介入によって固定化した台湾海峡や朝鮮半島の政治的分断もそのまま残された。

ただし、日ソ、および日朝・米朝関係について「失われた機会」があったとの指摘もある。前述した長谷川毅やロンドン政治経済学院でソ連・ロシア史を研究するヴラディスラフ・ズーボックは、領土問題に対するゴルバチョフの態度を批判しつつも、八六年から八八年にかけて日本側が「政経分離」の観点に立って領土問題に対応していればソ連の態度が変わっていた可能性があったのではないかとの議論を、ドイツ再統一をめぐる西ドイツ外交や、また韓国の対ソ・アプローチと比較しながら提示している。また、ジャーナリストのドン・オーバードーファーは、韓ソ関係が大きく変化した直後、北朝鮮が対米関係の改善を真剣に模索していた九〇年半ばにアメリカがイニシアチブをとっていれば、金日成がこれに応じた可能性は高かったと指摘している。

こうした指摘の妥当性についてはさらなる検証が必要であろう。しかし、いずれにしても、日ソ、日朝・米朝間に残る諸問題は、現在も重要な争点であり続けている。そして、第三世界にも、冷戦末期に対立・紛争が解消した地域と、未解決のままとなった地域がある。次節では、この点を、中米のニカラグアと南部アフリカ、アフガニスタンを事例に確認したい。

2　第三世界に残されたもの

ゴルバチョフの第三世界戦略

前述したように一九八五年ごろまでに、第三世界の社会主義諸国は大きな変化を経験しつつあった。こうした第三世界の情勢をゴルバチョフはどのように考え、また対応したのだろうか。ソ連外交史家のスヴェトラーナ・サフランスカヤやウェスタッドの議論を参考にしつつ描いていこう。

ゴルバチョフが書記長に就任したころから、ソ連の第三世界戦略は転換しつつあった。そこでは、依然としてソ連の安全保障とアメリカへの対抗が重視されていたが、かつてソ連がめざしていた世界革命を推進するという方針は放棄されていた。ゴルバチョフのアドバイザーらは、第三世界で共産主義のアピール力が低下しつつあることを意識していた。また、「社会主義国」を自称する第三世界の同盟国は、イデオロギー的な忠誠心の表明と引き換えにソ連に援助を要求する傾向が強かった。そのため、こうした国々への関与は貴重なソ連の資源の垂れ流しだとも考えられた。ソ連は、戦略的な利害に基づいて関与・援助の優先順位をつけなければならず、また、資本主義的な国家ですら、場合によってはアメリカと対抗するうえで重要なパートナーになり得ると判断された。

八五年から八七年にかけてのソ連の方針は、これまでソ連が達成してきた地政学的な利益を維持しつつ、資本主義的な諸国も含めて、アメリカに対抗し、ソ連の利益に資するような新たな戦略的パートナーとの関係を構築するというものとなる。だが、次第にゴルバチョフは、第三世界と対米関係の間で板挟みになっていく。この時期の米ソの対話において、アメリカは、軍備管理問題などで合意する条件として、ソ連に第三世界で譲歩するよう求めたからである。

八八年に入るとソ連の第三世界政策は大きく転換する。アメリカへの対抗という当初の目的は脇に置かれ、アメリカとの協調および、紛争国における国民和解の促進によって地域紛争を解決することが重視されるようになったのだ。アメリカは、こうしたソ連の方針転換を利用して、第三世界におけるソ連の影響力を切り崩す努力を怠らなかった。ただし、アメリカの側でも議会による政府の対外介入への制限が強化されていった。

このような米ソ関係の展開が、現地勢力の動向と相まって、実際の地域紛争の終結の形を決めていく。以下では、この点をニカラグア、南部アフリカ、アフガニスタンの三つの事例を検討しながら見ていこう。

ニカラグア紛争の終結

レーガン政権が第三世界への介入を強化し、中米もその対象となったのは第9章で見たとおりである。一九七九年に革命で政権を掌握したサンディニスタ民族解放戦線（FSLN）政府は、社会主義的な政策路線を進めようとした。キューバはニカラグアに軍事顧問を派遣し、八一年一一月には、ニカラグアとソ連の間で、戦車や地対空ミサイル、ヘリコプターなどの強力な兵器を提供する軍事協定が締結された。

FSLN政府による社会主義的な政策とソ連・キューバへの傾斜に対して、保守派や経済エリート、また農業集団化を押しつけられた農民たちは暴力による抵抗を選択した。こうした勢力が合流して形成された反革命勢力「コントラ」に対して、レーガン政権下のCIAは隣国ホンジュラスで訓練を行い、武器を支援するなどした。一方、八五年に書記長に就任したゴルバチョフは、FSLNへの経済・軍事支援を拡大する一方、ニカラグアを支援していたキューバを援助する方針をとった。

外部勢力がそれぞれ支援するFSLN政府とコントラの戦いは次第に膠着《こうちゃく》状態へと陥り、内戦の被害も拡大していった。八〇年代半ばまでにはニカラグア国内でも厭戦ムードが高まり、戦争を継続するなかで抑圧的になったFSLN政府への支持率も低下していった。

同じ一九八〇年代半ばには、米ソの介入継続も難しくなりつつあった。アメリカでは八六年にイラン・コントラ事件が発生した。八四年に議会はコントラへの援助を全面的に禁止する法案を可決したが、同じ年には、イランの影響下にあると考えられていた反米的なイスラーム主義組織ヒズボッラーによるアメリカ人誘拐事件が頻発していた。イランとアメリカは、七九年のイラン革命（第9章）以来、敵対関係にあったが、八五年にレーガンは、人質の解放を期待してイランへの兵器売却を決定した。この売却利益の一部がコントラへの援助に流用されたのである。

八六年一一月にこの件が明るみに出ると、議会がこの件へのレーガンの関与を追及し、一大スキャンダルとなった。こうしたなか、八九年に就任したブッシュ大統領は、政府と議会の対立要因である中米紛争を収束させたいと考えるようになっていった。

八〇年代後半にはソ連経済も後退局面に入り、FSLNやキューバに対する支援は過大な負担となり始めた。介入コストを削減することでソ連経済への圧迫を軽減し、米ソ関係を改善するためにも中米での米ソ和解は望ましかった。

周辺国への支援が負担なのはキューバも同じであった。ニカラグアやエルサルヴァドルの左翼政権の支援に必要な資源について、ソ連に依存しているのがキューバの実情だった。しかもソ連経済が悪化し、モスクワが第三世界政策の見直しを進めるなか、キューバに対するソ連の援助や貿易も大きく削減されつつあった。

こうして米・ソ・キューバのいずれもが紛争の政治的解決を望ましく考えるようになった時、一つの回答を与えたのが中米諸国である。一九八三年から、コロンビア、ベネズエラ、メキシコ、パナマ、コスタリカなどが、和平プロセスに取り組み始めた。紆余曲折を経て、この試みは、国民和解・民主化・自由選挙・ゲリラ部隊への援助停止などを求める八七年八月のエスキプラス合意Ⅱへと結実した。FSLNは同合意への難色を示していたが、最終的には受け入れに転じる。自由選挙に応じることで国内政治における正統性を確保し、西側から援助を受け取ることができるのではないかと期待したのだ。

FSLNとコントラの間で直接交渉が行われ、八九年二月にFSLN政権は、コントラの軍事行動停止と引き換えに一年後の総選挙実施を約束した。九〇年二月の総選挙でFSLNは、アメリカから多大な資金援助を受けていた野党国民連合（UNO）に敗れた。それでもFSLNは選挙の結果を受け入れ、四月にはビオレタ・チャモロが大統領に就任した。コントラの武装解除は約二カ月後に完了した。こうしてニカラグアの内戦は終結した。

ニカラグア紛争は、米ソ冷戦が終わりに向かうなか、米ソやキューバが手を引こうとし、周辺諸国、そして紛争当事者が和平に向けて動いたことと相まって解決された事例である。同様の変化は南部アフリカでも生じていた。

第9章で見たように一九七〇年代半ばの南部アフリカでは、イデオロギーや人種問題をめぐって各国で内戦・地域紛争が発生、そこに米ソやキューバが介入していた。この地域における冷戦は複合的な性格を有していたのだ。しかし、七六年までには、アンゴラではアンゴラ解放人民運動（MPLA）が、モザンビークではモザンビーク解放戦線（FRELIMO）がそれぞれ主導する、親ソ・社会主義的な政権が誕生した。

近隣諸国での事態の展開から、南アフリカ共和国の白人指導者たちは、ソ連の指導下にある敵対的な社会主義国によって包囲されたと考えるようになった。こうした認識は、七七年にソ連とキューバが「アフリカの角」地域に介入し、七九年にソ連がアフガニスタンに侵攻したことで強まった。

人種問題をめぐる情勢も南アフリカに不利なものになりつつあった。七七年六月、最大の黒人居住区であったヨハネスブルク郊外のソウェトで大規模な反アパルトヘイト暴動が発生し、政府はこれを激しく弾圧した。これを受けて一一月、国連安保理はアパルトヘイトを理由に、南アフリカに対する強制的武器禁輸措置を採択する。また、アフリカ民族会議（ANC）も政府に対する武装闘争を強化していた。さらに八〇年には、南アフリカの北東に位置し、白人による苛烈な人種差別が続いてきた旧イギリス植民地ローデシアで自由選挙が実施され、アフリカ人指導者のロバート・ムガベが大統領に就任した。ローデシアはジンバブエと改称して独立した。

南アフリカ共和国では七八年にピーター・ボータが首相に就任した。敵対的な諸国に包囲されたと判断したボータ政権は、モザンビークとジンバブエの反政府勢力を支援し、両国では内戦が始まった。また、南アフリカはアンゴラにも介入した。第9章で見たように、南アフリカ占領下のナミビアでは南西アフリカ人民機構（SWAPO）が、MPLA指導下のアンゴラ政府の支援を受けて独立運動を展開していた。南アフリカは、アンゴラで反政府闘争を続けるアンゴラ全面独立同盟（UNITA）を支援することで、MPLA政府とSWAPOを弱体化させようとしたのである。

南部アフリカへの米ソの介入

南部アフリカの紛争に、一九八〇年代の米ソ冷戦は大きな影響を与えていた。レーガン政権にとって、南アフリカ共和国はアパルトヘイト政策を維持しているとはいえ、この地でソ連に対抗するための重要な同盟国であった。またアメリカは、アンゴラのUNITAへの支援も強化した。親ソ的なMPLA政権を打倒し、軍事顧問を派遣して同国への支援を継続していたキューバの存在を除去するためである。こうしたなかで、南アフリカはアンゴラ介入とSWAPOに対する戦いを進めたのである。

ソ連もANCとSWAPOへの軍事支援を強化した。ANCが政権を獲得すれば、南アフリカには社会主義体制が成立すると考えられたからである。ANCとSWAPOへの支援をすることでソ連は、第三世界で民族解放戦争と社会主義体制の形成を後押ししようとしていた。これにより歴史の流れがソ連の側にあることが証明されるはずであった。

だが、ソ連の思惑どおりに事は運ばない。社会主義国として独立したアンゴラもモザンビークも経済的に失敗、内戦に突入した。八一年になると東側諸国もモザンビークへの援助に後ろ向きになっていく。第9章で見たように、八二年ごろからモザンビークは市場経済的な改革を始めたが、これは偶然ではない。社会主義者でありながらも、現実主義者であったサモラ・マシェル大統領は、西側からの経済援助を期待して対米関係改善へと舵を切り始めていたのだ。

他方、南アフリカ共和国に対する米ソの態度が変化するには、さらに時間が必要であった。書記長に就任した当初から、ゴルバチョフは第三世界政策を転換しようとしていた。だが、レーガン政権が南部アフリカへの介入を続けている以上、一方的に手を引くことはできなかった。ゴルバチョフがアンゴラへの支援を削減し、アフガニスタン撤退（後述）の方針を固めたのは、八六年一二月のことであった。しかし、八七年に入ってもソ連は、UNITAに対するアメリカの武器支援に対抗するため、MPLA政府に一億ドルの武器を供与している。そしてMPLA政府は、ソ連の助言に従って大規模な攻撃を敢行した。

とはいえ、アメリカの姿勢も変わりつつあった。レーガン政権は、ANCとSWAPOが本質的にはナショナリストであり、ソ連の手先ではないこと、また、ゴルバチョフ政権が第三世界の解放闘争からの撤退を真剣に望んでいることを、徐々に理解していった。こうして米ソは妥協を模索し始めたのである。

流れを大きく変化させたのは、七五年のMPLAの勝利（第9章）の時と同じく、ソ連との事前協議なしにキューバが敢行した軍事行動であった。ソ連の武器で攻勢をかけたMPLAに対して南アフリカが大規模な反撃に出ると、カストロは一万五〇〇〇人の精鋭部隊をアンゴラ南部のクイト・クアナヴァレに送った。キューバ軍の攻勢によって南アフリカが不利な立場に陥ると、レーガン政権は交渉に応じるよう強く圧力をかけた。ソ連もアンゴラとキューバに対して交渉を受け入れるよう迫った。八八年五月からはアメリカの仲介のもと、南アフリカ、アンゴラ、キューバの三者間で交渉が始まり、一二月には国連でアンゴラ・ナミビア協定が締結された。この協定により、キューバ軍の撤退とナミビアの独立が合意された。

国連で三者合意が成立すると、かつてはソ連型社会主義を打ち立てると表明していた、SWAPOとANCの態度にも変化が現れる。西側的な市場経済と自由民主主義的な複数政党制を受け入れるようになったのだ。一九八九年一一月のナミビア制憲議会選挙に向けたSWAPOのマニフェストにそれは明らかであった。

興味深いのは、八五年九月以降、南アフリカの財界人たちがANCと接触し始めていたことである。南アフリカでは、八〇年代半ばから大衆による反アパルトヘイト闘争が強まったが、ボータ政権は強硬な姿勢を貫いた。その結果、社会は混乱、経済も停滞し、さらには海外からの経済制裁と投資引き上げも加わった。こうしたなか政府への不満を鬱積させていた財界人たちは、自らの利益を守るためにANCとの接触を開始した。ここでの意見交換が、市場経済に関するANC指導者たちの見方を変えるきっかけになったといわれている。

さらに、武装闘争を支持していたソ連が政治的解決を求めるようになったこと、長年にわたる武装闘争がアパルトヘイト体制を動揺させなかったという現実も、ANCが路線を変更した理由であった。八九年八月、ANCは、アパルトヘイト体制の終了を条件に、交渉を通じた解決の受け入れを表明した。

「神の配剤」

とはいえ、南アフリカ政府の指導者たちにとって、長年恐れてきた共産主義の脅威を払拭することは簡単ではなかった。アパルトヘイト体制の終焉について数多くの研究を行ってきた歴史家クリス・サンダースは、八九年に生じた二つの「神の配剤」の重要性を強調する。

一つ目は、八九年一月にボータ大統領が急病で倒れ、九月にフレデリック・デクラークが後継者となったことである。ボータもデクラークも、ＡＮＣは依然として共産主義者の影響下にあると信じていた。そのため、権力委譲に向けてＡＮＣと交渉を進める用意はなかった。それでもデクラークは、ボータよりも改革を求める国内の圧力に敏感だった。そこで、大統領就任後まもなく、黒人解放運動の象徴的存在であったネルソン・マンデラを除く主なＡＮＣ指導者を釈放するなど、自由化に向けた動きを起こしたのである。

だが根本的な方向転換を可能にしたのは、二つ目の「神の配剤」――八九年末の東欧革命――であった。八九年の秋から冬にかけて東欧で体制転換が生じ、「ベルリンの壁」と東ドイツが崩壊へと向かって歩みを早めていたことは前章で見た。ナミビアで国連の監

ANCの指導者マンデラと握手するデクラーク（1992年1月）

視のもと、制憲議会選挙が行われたのはちょうど同じころ、一一月第一週のことである。

東ドイツの弱体化は、この選挙で勝利したSWAPOの態度に大きな影響を与えた。東ドイツがSWAPOに行ってきた多大な経済・軍事支援が完全に停止されたからだ。また、東欧の体制転換は、SWAPO内部の親西側勢力を後押しし、制憲議会での議論にも影響を与えた。そして、九〇年二月にナミビアは、当時アフリカ大陸で最も自由民主主義的といわれた憲法を採択した。その翌月、ナミビアは独立を達成し、新政府は西側諸国からの海外投資を呼びこむ努力を積極的に行っていった。

こうして東欧情勢の影響を受けながら、ナミビアが自由民主主義的な憲法のもとで独立したことがデクラークの決断を促した。九〇年二月二日、議会に登壇したデクラークは、ANCや南アフリカ共産党をはじめとする諸勢力を合法化し、アパルトヘイト体制を廃止して新体制発足に向けた交渉を開始すると発表した。この演説でデクラークは、ソ連や東欧の社会主義体制が崩壊したことの重要性を次のように強調した。「あたかも、神が世界史の転換を命じたかのようです。私たちはその機会をつかまなければなりません」。そして二月一一日には、二七年にわたって投獄されていたマンデラが釈放された。

南アフリカ共和国の多くの白人にとって、「ベルリンの壁」崩壊は「ANCが政権を獲得すれば共産主義が押しつけられるという恐怖」が消滅したことを意味した。また、ソ連の新思考外交と八八年国連合意に基づくキューバ軍の撤退、東欧の社会主義体制の崩壊は、南アフリカに対するソ連の脅威が消失したことを示していた。さらに、米ソ関係が改善したことで、アメリカの対ソ戦略における南アフリカの価値も低減した。これによりアメリカは、アパルトヘイト体制を終わらせるよう南アフリカに圧力をかけることが容易になった。こうした国際状況の変化がデクラークの決断を後押ししたのである。

アパルトヘイト体制を崩壊に導いた主な要因は、現体制による統治継続を不可能にした南アフリカ内部からの抵抗運動であった。しかし、米ソ関係が改善し、南部アフリカ諸国・諸勢力とキューバの間の紛争を収束させる流れができあがったこと、またソ連の改革と東欧の体制転換が、南アフリカの白人指導者の共産主義に対する懸念を低下させたことが、白人指導者層にとってアパルトヘイト体制放棄の決断を可能にする国際的な文脈を形成した。

米ソ間およびヨーロッパの冷戦と南部アフリカの対立、そしてその終わりは密接に連動していた。前述した中米紛争と同じく、米ソ関係の改善は南部アフリカ紛争の解決にプラスの影響を与えた。米ソ冷戦の終わりはまた、アンゴラ内戦の終結にも寄与した。米ソはMPLAとUNITAの仲介を続け、九〇年七月にはMPLA政権が社会主義路線の放棄を表明し、翌九一年五月にMPLAとUNITAの間で停戦協定が締結された。

だがアンゴラの和平は長続きしなかった。九二年九月に大統領選挙が行われ、MPLAの指導者が勝利した。UNITAはこれを不正として受け入れず、内戦が再び始まったのだ。そしてアンゴラと同じように和平協定が機能しなかった場所があった。アフガニスタンである。

ソ連のアフガニスタン撤退

一九七九年一二月に侵攻した後、まもなくソ連はアフガニスタンを占領した。アメリカはソ連を強く批判し、第三国、特にパキスタンを経由して、ソ連に抵抗するムジャーヒディーン勢力に資金や武器を供与して支援した。CIAは、アフガニスタンの抵抗運動に自発的に参加したイスラーム教徒の国際的なネットワークの形成・維持に関与した。ソ連側は、膨大な兵力と様々な最新兵器を投入したが、それでもムジャーヒディーンの攻勢を抑えることはできなかった。また、アフガニスタン人民民主党（PDPA）政府に対するアフガニスタン国内での支持を取りつけ、親ソ的な政治体制を安定化させることもかなわなかった。

ゴルバチョフにとって、第三世界における最大の懸念はアフガニスタンであった。八五年夏に彼は、PDPA政府とソ連軍の軍事的立場を強化することを軍事顧問たちに指示した。翌八六年半ばから、ソ連軍を段階的に撤退させるためである。また、同年一〇月にはアフガニスタンの指導者バブラク・カルマルと会談し、ムジャーヒディーンとの連立政権の可能性まで含めて検討し、政権基盤を拡大して国内改革を進めるよう説いた。しかし、カルマルはこれに応じず、アフガニスタンでのソ連の戦闘は拡大していった。同年の共産党大会でゴルバチョフが述べたように、いまやアフガニスタンはソ連にとって「血が流れ続けている傷」となっていた。

八六年末にゴルバチョフは、八八年の終わりまでにソ連軍を撤退させる決意を固めた。その後ソ連は、非妥協的なカルマルに代えて、ムハンマド・ナジブラを擁立した。ナジブラが「国民和解」を進め、「反政府勢力と連立政権を組んで国内を安定化させれば、ソ連軍の撤退は可能になる。これがゴルバチョフの希望するシナリオであり、ナジブラもこれに沿って動いた。

ナジブラ擁立により、八二年から国連が進めていたジュネーブ交渉への期待は高まった。またソ連は、パキスタンとアメリカにも直接働きかけた。ソ連軍撤退と引き換えに、パキスタンにはナジブラ首班の連立政権を受け入れさせ、アメリカにはムジャーヒディーンへの武器供与を停止させるという交渉方針がとられた。だが交渉は一向に進展しなかった。

前章で見たように、八七年後半までにはゴルバチョフとレーガンが個人的な信頼関係を打ち立て、INF条約締結の目処《めど》も立った。ゴルバチョフは、米ソ関係の改善がアフガン合意につながることを望んでいた。八七年一二月にワシントンでレーガンと会談したゴルバチョフは、ソ連撤退開始後、ムジャーヒディーン勢力に対する支援を停止するよう求めた。だがレーガンは、ソ連撤退後も反政府勢力への武器支援をやめるつもりはないと答えた。

そこでゴルバチョフは、八八年二月に次のような声明を出す。三月一五日までにジュネーブ交渉で合意が得られれば、ソ連軍は五月一五日に撤退を開始する。また、パキスタンの要求を受け入れ、連立政権の形成はソ連軍撤退の条件とはしないというのだ。ソ連の一方的譲歩によって関係各国を合意へと引き込み、アフガニスタンに関するジュネーブ合意を基礎にさらなる対米関係の改善をめざす。ここにゴルバチョフの狙いがあった。

ゴルバチョフ声明後、交渉は進展し、四月一四日には米ソを保証国として、パキスタンとアフガニスタンの間でジュネーブ和平合意が締結された。これに基づいてアフガニスタンには国連の停戦監視部隊が駐留し、翌月、ソ連軍は撤退を開始した。そして八九年二月までには、すべてのソ連兵がアフガニスタンを後にした。

ターリバーンによる支配へ

だが、ソ連軍の撤退がアフガニスタンに平和をもたらすことはなかった。国連による停戦監視は実効性に乏しかった。ムジャーヒディーン勢力は自分たちが参加しなかったジュネーブ交渉での合意を受け入れず、「完全勝利」をめざして戦い続けた。一九八九年に就任したブッシュ新大統領は、レーガンのように第三世界の冷戦に関与するつもりはなかった。しかしブッシュは、ナジブラ政権を維持するというソ連の方針を容認せず、ソ連が同政権を支援する限り、アメリカもムジャーヒディーンへの援助を継続するとの態度をとった。

それでも米ソは、ジュネーブ合意後もアフガニスタン問題に関する議論を続けた。その結果、九〇年半ばまでには、米ソの見解が収斂し始める。ジュネーブ合意でソ連軍が撤退したこと、米ソ冷戦が後退していくなか、アフガニスタン介入に対する議会の支持が得られなくなったこと、政治指導者としてのナジブラに対するワシントンの評価が変化したことなどが、ブッシュ政権の風向きを変えたのである。

しかし、最終合意が成立しないまま、九一年末にソ連は消滅した。後継国家となったロシア政府はナジブラ政権への援助打ち切りを表明し、後ろ盾を失った同政権は翌年四月に崩壊した。これをきっかけにアメリカは、アフガニスタンから手を引いた。残されたムジャーヒディーンたちは、アメリカが供与した武器を用いて、今度は互いに戦い始めた。パキスタンの支援を受けたターリバーンが首都カブールを支配したのは、その四年後のことである。

大いなる負の遺産

第9章で見たように、第三世界では、すでに一九八五年以前からソ連型計画経済システムが放棄され、資本主義的な経済体制への移行が始まっていた。ここで重要だったのは「東アジアの奇跡」を達成した諸国、そして中国が、ソ連の共産主義イデオロギーの代わりとなり得る国家発展モデルを提示したことであった。第三世界におけるイデオロギーの優劣をめぐる争いの決着は、八五年までにはすでについていた。それは、ゴルバチョフが登場してペレストロイカを始め、米ソ関係が改善するよりも前に起きていた。

本節で扱ったニカラグアや南部アフリカ、アフガニスタンに対する米ソの介入は、八五年時点ではまだ続いていた。しかし、ゴルバチョフ登場後、第三世界に対するソ連の認識は少しずつ変化していく。西側との対立を終わらせる決意をしたゴルバチョフは、八八年以降、第三世界からの撤退に本格的に取り組んだ。ソ連軍撤退を実現するという決意、ソ連の経済状況、第三世界での紛争解決が対米関係改善につながることへの期待、といった要素が彼の念頭にはあった。アメリカ政府の側でも、第三世界への介入について議会の支持を取りつけることが難しくなりつつあった。米ソの第三世界政策の転換は、共産主義イデオロギーの敗北とは時差を伴って生じたのである。

最終的には、三つの地域すべてにおいて和平合意が締結された。だが、それらは異なる末路をたどった。ニカラグアと南アフリカの合意は内戦を終結させた。他方、アンゴラとアフガニスタンの合意は米ソやキューバを撤退させはしたものの、国内諸勢力間の対立を終わらせることはできなかった。三つの地域における紛争の結末は、次の二つの要因によって左右された。一つ目は、撤退に際して米ソが、その地域の諸勢力の間の紛争を解消するための努力をどの程度行ったのかである。もう一つは、各国の当事者に戦いを終わらせる意思があったか否かである。

紛争当事者の意思の重要性は、アンゴラとアフガニスタンの例から明らかである。アンゴラでは九二年に内戦が再発し、UNITAの指導者が暗殺される二〇〇二年まで続いた。アフガニスタンの内戦は九六年まで続き、その後二〇〇一年にアメリカが開始したアフガニスタン戦争などを経て、同国の混乱は今も続いている。

一方、内戦が終結してもニカラグアの困難は続いた。反FSLN勢力が連携して形成したチャモロ政権の政治的基盤は脆弱《ぜいじゃく》であり、不安定化を免れなかった。二〇〇六年にはFSLNの指導者ダニエル・オルテガが大統領に当選したが、その後オルテガのもとでニカラグアの民主主義は後退し続けている。また、内戦で破壊された経済を再建するため様々な策が講じられたが、現在でもニカラグアは中南米で最も貧しい国の一つである。

超大国が撤退して第三世界の冷戦は終結した。しかし、冷戦の負の遺産は非常に大きく、その爪痕《つめあと》は今も各地に残っている。

終章　冷戦とは何だったのか

冷戦とは何だったのか。二〇一二年に発表した論文のなかで筆者は、これこそ冷戦史研究が問うべき「最も根源的」で「手付かず」の問題だと指摘したことがある。それから約一〇年が経過したが、筆者自身がこの問いへの明確な答えを出せたかというと、はなはだ心もとない。だがこの課題を置き去りにして本書を締めくくるわけにもいかない。そこで終章では、本書で描いてきた冷戦の全体像を見渡しながら、部分的・暫定的ながらこの問題への回答を提示してみたい。

国際システムとしての冷戦

端的にいえば、冷戦とは一九四〇年代後半から九〇年代の初めまで存在した国際システムだったといえるだろう。この時期を通じて、世界の数多くのアクターは何らかの形で米ソ間のイデオロギーと地政学的利益をめぐる対立を念頭に置きながら、自らの目標や利益、それを実現・防衛するための政策を定めていた。

第二次世界大戦後、米ソは戦後秩序構想の違いをめぐって徐々に対立を深めていった。米ソ超大国間の対立がいつ始まったのかを明確に線引きするのは難しい。だが四六年末までにアメリカが、大国間協調を放棄して対ソ封じ込め政策へと移行し、その一環として実施されたマーシャル・プランを契機に、ソ連が大国間協調を放棄したこと、その後米ソ双方が東西ヨーロッパにおいて自らを盟主とする陣営を形成していったことを考えれば、四七年半ばまでに米ソ冷戦、そしてヨーロッパ冷戦は始まっていたと考えてまちがいないだろう。

そして遅くとも四七年半ば以降——おそらくはもう少し早い時期から——米ソはもとより、米ソ以外の様々なアクターも、米ソのイデオロギーと地政学的な対立を前提に行動するようになった。自分たちが達成すべき目的は何か。何が守るべき価値や利益なのか。誰が、どのような意味で自分たちにとっての脅威なのか。目的の達成、価値の実現、利益の防衛のために何が必要なのか。そのために米ソ対立をどのように利用できるのか。冷戦期の国際システムのなかで各アクターは、こうしたことを考慮しながら行動したのである。

例えば、ヨーロッパでは、長らくドイツを大きな脅威として考え、ソ連との対独提携を戦後外交の選択肢として考えていたフランスが、ソ連の脅威に対抗するために西側に与する姿勢を明確にし始めた。第三世界に目を転じれば、インドネシアのスカルノは国内の共産主義者による蜂起を鎮圧しアメリカの歓心を得ることで、他方、ベトナムのホー・チ・ミンは中ソと同盟関係に入ることで、それぞれ旧宗主国との独立戦争を有利に進めることができた。米ソもまた、ヨーロッパのみならず東アジアや第三世界の各地における事態の展開が、自国や自陣営の安全を左右すると考えて介入していった。

四〇年代後半から始まった各アクターのこうした動きは、米ソ対立が終わる九〇年代初めまで続く。この意味で冷戦はこの時期の国際システムを構成していたのであり、冷戦史とはこの時期の国際システムの歴史だといえる。

イデオロギーが持った意味

冷戦期の国際システムでは、「政治・経済体制の原理」という意味でのイデオロギーが様々な側面で重要な役割を果たした。

第1章で見たように、米ソはそれぞれ、人類全体にとって意味を持つ普遍的なイデオロギーを標榜する国家という自己規定を持って誕生し、国際舞台に登場した。アメリカは、個人の自由や平等、被治者の同意による統治などを保証する共和制国家として誕生し、経済的には私有財産制と個人が自由な経済活動を行う資本主義経済体制をとった。これとは対照的にソ連は、資本主義経済に起因する様々な病理を克服するため、生産手段を公的所有とし、共産党一党支配のもとで計画経済を進める社会主義体制の国家として誕生した。

またソ連は、世界全体の共産主義革命を指導すると同時に、アジアや中東、アフリカや中南米において西欧やアメリカ、日本といった資本主義諸国が行っていた帝国主義支配にも対抗する姿勢を打ち出した。こうした姿勢は、非西欧地域において次第に強まりつつあった反植民地主義運動に身を投じていた人々にも強くアピールするものであった。

一九二九年の大恐慌は資本主義経済がはらむ問題を浮き彫りにし、それは第二次世界大戦へとつながった。そしてファシズム型イデオロギーを標榜した枢軸国が敗れ、大戦が終わった時、世界の人々の前には議会制民主主義と混合経済体制というアメリカ型イデオロギーと、共産主義というソ連型イデオロギーの二つが提示されていた。

それはいずれも、資本主義に内在する問題に対応するためのものではあったが、互いに相容れないものであった。他方で、ヨーロッパの後発国から短期間で重工業化を達成し、ドイツの軍事的打倒に大きく貢献したソ連国家の発展モデルは、戦後、自らの国民国家を打ち立てようとする第三世界各地のアクターの目には魅力的なものと映った。

このように見れば、冷戦期に二つのイデオロギーが大きな意味を持ったのは、多くの国家や政治勢力の指導者が、イデオロギーに内在する「価値」を守り、また、それが指し示す「理想的」な社会の実現を強く望んでいたからだといえるだろう。西側の指導者たちは政治・経済的な自由を守り、戦間期の政治・経済的混乱とその結果として生じた世界大戦の再発を防止しようとした。他方、ソ連をはじめとする東側の指導者たちは、大戦の原因となった資本主義の問題を永久に解決する共産主義革命を実現しようとした。また第三世界の指導者たちは、帝国主義的支配を打破して、自民族のための新しい国民国家を作り上げようとしていた。

しかし、各アクターが自身の信奉する「普遍的」価値の防衛や実現を強く希求したがゆえに、相対するイデオロギーを標榜するアクターへの強い脅威認識や敵対意識が生み出された。それゆえイデオロギー対立は、様々なアクターが互いに妥協することを難しくし、冷戦を激しい対立にした面があったといえる。

国際関係史の視角から

米ソ超大国間のグローバルな対立構図をその中核的要素とする、国際システムとしての冷戦において、米ソが重要な役割を果たしたことはいうまでもない。しかし、国際関係史の視角から本書では、パワーの大きさで米ソには及ばない様々な国家や政治勢力、さらにはそれぞれの時期の各国社会の動きも、冷戦の重要な一部をなしていたことを指摘してきた。

本書で言及したいくつかの例をあげよう。第3章で見たように、戦後アメリカがトルーマン・ドクトリンによってギリシャとトルコの防衛に関与する姿勢を示したのは、大戦で疲弊したイギリスが自らの役割の肩代わりをアメリカに求めたからであった。アメリカがマーシャル・プランを提案したのは、ヨーロッパ社会が大戦で疲弊して政治的に不安定化し、共産主義が浸透しやすくなったと考えたからである。また、マーシャル・プランや北大西洋条約機構（NATO）創設にあたって西欧諸国がアメリカを招き入れる努力を行ったことも、孤立主義的な気運が強かったアメリカ議会の状況を考えれば重要だろう。

東アジアにおいては、国共内戦、そして中華人民共和国（中国）の建国という中国大陸のローカル・アクターの動きが、国府を戦後東アジアにおける中心的な担い手と想定した米ソの戦後構想を破綻させた。また朝鮮戦争は、根本的には脱植民地化の過程で生じた内戦であったが、米ソ中の介入により米ソ冷戦と連動していった。

同様の点は第三世界の複数の事例にも見いだすことができる。第5章で見たように、米ソは、インドネシアやベトナムのように反植民地闘争や脱植民地化の過程で発生した内戦や、アラブ・イスラエル紛争のようなその地域独自の歴史的背景を持つ対立に、冷戦戦略上の考慮から介入していった。しかし、旧宗主国や反植民地戦争を戦う地域のアクターが、その目的を達成するため米ソから支援や関与を引き出そうと試み、しばしば成功したことも忘れてはならない。そしてこの過程を通じて冷戦はグローバルなものへと変容していったのである。

また第7章から第8章にかけて見たように、一九六〇年代半ば以降に東西ヨーロッパ諸国が、独自のデタント外交を展開したことも興味深い。ド・ゴール政権のフランスや、同時期のルーマニアのデタント外交には、米ソ超大国による陣営支配への反発の面があった。両国の外交それ自体は必ずしも冷戦に大きなインパクトをもたらしたとはいえない。しかしド・ゴール外交は七〇年代初めの西ドイツのブラント政権の東方外交の先例となり、それがドイツ問題の暫定的解決、そしてヨーロッパ安全保障協力会議（CSCE）開催へとつながっていった。つまり東西ヨーロッパ諸国のデタント政策は、紆余曲折を経て、最終的にヨーロッパの安定化をもたらしたのだ。

米ソ「新冷戦」期には、ポーランドの労働運動や東西ヨーロッパにおける反核運動が、米ソや東西ヨーロッパ各国政府の行動を左右した。その後、東欧諸国の人々が引き起こした社会変動が、ヨーロッパ冷戦の終結過程で重要な役割を果たしたことはいうまでもない。

このように、冷戦というグローバルな国際システムの形成と展開、そして終焉においては、米ソ超大国のみならず、様々な中小国や政治勢力、さらには社会状況までもが重要な役割を担ったのである。

地域間の相互作用

冷戦はグローバルに展開した出来事であった。冷戦のグローバルな展開について、冷戦史に関する多くの書物では、米ソやヨーロッパという「中心」の対立が、アジアや第三世界といった「周辺」地域へと波及した、という見方がとられがちである。しかし、中小国や様々な政治勢力が、超大国の行動にも影響を与えたように、地域間の影響力の方向性も決して一方的なものではなかった。

この点について本書では米ソ超大国、ヨーロッパ、東アジア、第三世界という四つの地域において、それぞれ独自の政治力学があったこと、また、その地域ごとの事態の展開が、互いに影響を与えあっていたことを明らかにしてきた。

例えば、すでに指摘したように朝鮮戦争は、東アジアにおける脱植民地化の文脈から生じた内戦であった。しかし、この戦争をきっかけに米ソは本格的に軍備を拡大し、西ドイツ再軍備も始まった。朝鮮戦争は超大国間の関係や、ヨーロッパにおける分断体制の形成にも影響を与えたのである。

第三世界の事象も他地域における事態の展開を左右している。第5章から第6章で描いたように、スエズ戦争の際にアメリカは、アラブ諸国への配慮から英仏に撤退圧力をかけた。これを目の当たりにした西ドイツのアデナウアーは、その後、核兵器へのアクセスを希求するようになっていく。また脱植民地化の進展により、一九六〇年までに国連は九九ヵ国体制となるが、これが、ヨーロッパにおけるベルリン危機の展開を左右するグローバルな背景要因となった。同じことは、キューバ革命でカストロ政権が誕生しカリブ海をめぐる米ソの対立が深まったことが、ベルリン危機と連動し、さらにキューバ・ミサイル危機へとつながっていく過程についても指摘ができる。加えて、ベトナム戦争が、米ソの核戦力バランスの変化や中ソ対立と相まって、米ソ・デタントへと至る道筋を敷いたことも重要である。

ヨーロッパと東アジアの事態がしばしば連動していたことも興味深い。朝鮮戦争がヨーロッパ情勢に与えたインパクトについてはすでに言及したが、第8章で指摘したように、七〇年代初めの韓国は、西ドイツの東方外交からヒントを得て北朝鮮に対話を呼びかけている。また、八〇年代に米ソの中距離核戦力（INF）交渉がヨーロッパと東アジアの二つの側面を持っていたことや、天安門事件における中国の対応が、ゴルバチョフの東欧政策に与えた影響などもその例であろう。

しかし東アジアにおける事態のなかで、長期的に最も大きな変化を冷戦にもたらしたのは経済面ではなかったか。第8章で見たように、七〇年代の終わりまでにアジアは世界の経済発展の中心になりつつあった。後に「東アジアの奇跡」とよばれたそれは、アメリカが冷戦戦略上の考慮から展開した一連の政策を背景としたものであった。

この東アジア、そしてそれに続く東南アジアの経済発展は、冷戦期アジアのイメージを大きく変えた。国共内戦にはじまり、インドネシア独立戦争、朝鮮戦争、三次にわたるインドシナ戦争まで、戦後初期からアジアには「戦乱と貧困」のイメージがつきまとった。しかし八〇年代初めまでには、成長著しいダイナミックな地域として認識されるようになった。「東アジアの奇跡」という表現は、まさにそのことを示している。

また、東アジアの経済成長が持った政治的な重要性も看過できない。第8章で見たように、七〇年代半ばには、第三世界は経済政策をめぐって三つの勢力へと分裂していた。もし東アジアが経済的に飛翔しなければ、アジア・アフリカ会議（第5章）の流れをくむ第三世界の団結は維持されたかもしれない。だが、実際には第9章で検討したように、東アジアの経済発展が、中国の市場経済移行への先駆けとなり、さらには第三世界における社会主義国家の経済政策の転換をも促していった。そして、これにより共産主義イデオロギーの正統性は大きく損なわれたのだ。東アジア経済の展開は、第三世界の政治動向に影響を与え、イデオロギーの優劣をめぐる競争と冷戦の勝敗を大きく左右したのである。

日本にとっての冷戦

東アジアの経済発展に先鞭をつけたのが日本である。第3・4章で見たように、国共内戦の展開を受けて、一九四〇年代後半にアメリカは、日本を東アジア戦略の中心に位置づけた。また、五〇年代半ばの緊張緩和状況もあって、日本は安全保障をアメリカに依存して軽武装を貫き、経済の復興・発展に専念することができた。冷戦という国際環境は、戦後日本に大きな機会をもたらしたのである。

日本は、東アジアにおけるアメリカの軍事戦略にも深く組み込まれた。サンフランシスコ講和後もアメリカは、アジアの軍事的拠点となった沖縄の施政権を保持し、日本本土にも一定数の米軍基地を維持した。沖縄と日本の米軍基地は、アメリカが朝鮮戦争やベトナム戦争を戦う際に重要な拠点となった。また第6章で述べたように、沖縄施政権返還まで、沖縄には米軍の核兵器が配備されていた。アメリカの「核の傘」は日本にさしかけられていただけでない。日本自体がアメリカの「核の傘」の骨組の一部だったのだ。

こうして戦後の日本は、アメリカの東アジア冷戦戦略に不可欠の同盟国となることで、安全と経済的繁栄を確保することができた。著しい経済成長を遂げた日本は、東アジア・東南アジア諸国の経済発展「モデル」となった。さらに八〇年代には、世界第二位の経済大国となり、「双子の赤字」に直面していたアメリカの冷戦政策を金融面で支えたのである。

他方、アメリカとの同盟関係は日本の戦後の対外関係の選択肢を限定するものでもあった。第二次世界大戦を枢軸国として戦った日本は、西ドイツと同様に、アメリカの二重の封じ込めの対象となった。またサンフランシスコ講和会議に中国は招聘《しょうへい》されず、ソ連も講和条約には調印しなかった。このことは、戦後の日中・日ソ関係に大きな影響を与えた。

戦後日本は、戦前期に強い経済的つながりのあった中国との関係回復を志向していた。しかし、アメリカはこれに強い警戒心を抱いた。日中間の国交回復、そして平和条約の締結は米中和解が進展する七〇年代まで待たねばならなかった。また日本は、日米関係の維持を前提としつつも、五〇年代半ば以降、ソ連との国交回復、平和条約締結を模索した。しかし、大戦末期にソ連の千島列島占領で発生した北方領土問題が両国関係の大きな障害となった。そしてこの領土問題は、冷戦末期においてすら日ソ関係の改善を阻んだのである。

冷戦終焉の時差、かたちの差

冷戦が終わっても日ソ領土問題は未解決のままとなり、朝鮮半島と台湾海峡の南北分断も解消されなかった。これに対してヨーロッパでは東西ドイツが再統一されて冷戦は終焉を迎えた。このようにヨーロッパと東アジアでは、冷戦の終わりの「かたち」は極めて対照的なものとなった。ただし、冷戦の終わり方を考えるにあたっては、地域間の「終わり方のかたち」だけでなく、地域間・争点間の「時差」も考慮に入れる必要がある。この点は、第9章から第11章にかけて示したように、ヨーロッパと東アジアのみならず、米ソ関係と第三世界も視野に入れるとより明確になる。

冷戦の終わりは、まずイデオロギーの優劣をめぐる競争の面で明らかになり始めた。イデオロギーのめざす理想が実現不可能なものと見られるようになったり、その魅力が薄れると、イデオロギー自体の正統性も大きく損なわれる。こうした事態が、まず一九七〇年代から八〇年代にかけて、東アジアと第三世界で発生したことは前述したとおりである。

第8章から第9章にかけてみたように、七〇年代初めまでにはグローバルな経済構造が変化し、東アジア諸国が経済的に躍進する一方、ソ連型社会主義は計画経済体制の弱みを浮き彫りにした。その結果、八五年までには中国や第三世界の社会主義国は、市場志向の経済改革に踏み切ることになる。ゴルバチョフのソ連が社会主義を放棄する方向へと向かったのはその後のことであった。八九年から九〇年にかけての東欧の民主化、そして九一年のソ連崩壊は、共産主義イデオロギーの敗北を象徴的に示した。だが、実質的な勝負は非ヨーロッパ地域において、米ソ間やヨーロッパよりも早い時点でついていたのだ。

こうしてイデオロギーをめぐる対立にある程度の決着がつくと、地政学的利益をめぐる対立とその処理が残された課題となる。第10章で見たように、超大国間の歩み寄りはレーガンとゴルバチョフのリーダーシップ、とりわけ後者のそれによって可能となった。米ソ関係はＩＮＦ全廃条約締結という画期的成果をもたらした後、しばらくの間停滞する。しかし、ブッシュ政権期には再び、大統領核イニシアチブ（ＰＮＩ）や戦略兵器削減条約（ＳＴＡＲＴ）締結といった核軍縮分野での合意が成立した。また、ヨーロッパでもドイツ再統一とそのＮＡＴＯ加盟、欧州通常兵力（ＣＦＥ）条約の締結、ワルシャワ条約機構の解体は、東西間の関係国、場合によっては多国間の交渉と合意によって可能となった。

これとは対照的に、第11章で詳述した東アジアの冷戦の終わりは、中ソ、中韓、韓ソといった「二国間の関係改善努力の相互作用とその連鎖」として捉えることができる。重要なのは、米ソ中日といった東アジアの地域大国が、ヨーロッパで米ソや西ドイツが行ったような、分断解消に向けた努力を積極的に行わなかったことではないか。

朝鮮半島と台湾海峡の分断の根幹にあったのは脱植民地化の過程で生じた内戦であった。だが、ここに米ソが関与したことで、ローカルな内戦の構造は、ある種変形された形で固定化されることになった。九〇年代初めまでに米ソのグローバルな対立は解消し、国際システムとしての冷戦は終わった。しかし朝鮮半島と台湾海峡では、その後も、冷戦期からのアメリカの軍事的関与が維持されたまま、ローカルな内戦の対立構造がそのまま残された。「東アジアでは冷戦が終わっていない」と指摘されることは多い。だが前述の点を踏まえれば、「冷戦以前から存在する対立構造が、冷戦の影響を受けて形を変えたうえで、冷戦後も存続している」と見る方が適切だとはいえないだろうか。

では第三世界はどうだったのか。八〇年代後半、米ソは五〇年代から行ってきた第三世界への関与を縮小し、さらに撤退することをめざした。しかし、南部アフリカとニカラグア、そしてアフガニスタンの事例を用いて示したように、撤退にあたって米ソ両国がローカルな対立を解消するための十分な方策をとったとはいいがたい。長期にわたる介入を通じて紛争を激化させてきた地域から、後始末をすることなく米ソは撤退したのだ。その結果、第三世界各地における冷戦の終わりのかたちは、当該地域の紛争当事者の意向や、同じ地域の別のアクターのイニシアチブに依存することになった。それは最終的な紛争解決の成否をも分け、さらには、現在まで残るような傷痕をその地域に残したのである。

とられた道、とられなかった道

冷戦の終わりとは、一つの国際システムが世界政治のあり方を規定した時代の終わりであった。だが、同時にそれは現在の世界政治の出発点でもあった。現在の世界政治を構成する様々な要素は、冷戦期の国際政治の展開から――少なくとも、それと密接に関係を持ちながら――生まれてきたものである。それは後にヨーロッパ連合（EU）へと発展するヨーロッパ統合を進展させ、日本、そして現在台頭する中国をはじめとする東アジアの経済発展を促進した。また、現在まで続く国際的な核不拡散の枠組みである核不拡散条約（NPT）も、冷戦の文脈のなかから生まれた。

本書で描いた各地域における冷戦の終わり方は、現在の世界が直面する多くの対立の重要な背景要因となっている。冷戦末期に米ソが締結したINF全廃条約やSTARTは、冷戦後、米ロ間の戦略バランスを管理する枠組みとして機能してきた。しかし米ロ、さらには米中が核をめぐって対立する現在、この二つの条約は風前の灯火《ともしび》のような状態にある。また、米ソがアフガニスタン国内のローカルな対立を解消せずに撤退したことが、二一世紀初めのアメリカ同時多発テロ事件やアメリカのアフガニスタン戦争、また現在の同国の混乱の背後にはある。北朝鮮は、一九七〇年代の米中和解が在韓米軍撤退につながることを期待していた。しかしその後中国に幻滅し、対米直接交渉へと傾斜していく。そして、冷戦末期に同盟国中ソが韓国と関係を正常化する一方、日米との関係改善に失敗し、孤立した北朝鮮は核開発を進めていく。こうした冷戦期からの流れが現在の朝鮮半島の核問題へと連なっている。

ただし、冷戦末期から現在まで、歴史の道筋が一直線に引かれているわけではない。また、

れる。
時点で異なる道がとられていれば、実際に起きたのとは違った歴史の歩みもあり得たと思わいて、様々なアクターが下した決定が積み重なって作られてきた面が大きい。つまり、ある実際に起きた歴史的事件が不可避だったわけでもない。歴史の潮流は、それぞれの時点にお

西側・ロシア関係の歴史をめぐる議論はこの点をよく示している。国際政治学者の鶴岡路《つるおかみち》人《と》が指摘するように、ヨーロッパをめぐっては「ドイツ問題」と「ロシア問題」の二つの重要課題が存在してきた。この二つの大国をどのようにヨーロッパ国際秩序に位置づけるかが問われたのだ。本書でも見たように、ドイツ問題は冷戦末期に再統一されたドイツがNATOとEUに組み込まれて解決した。だが、ロシア問題はまだ解決されておらず、このことが現在のロシア・ウクライナ戦争の背景ともなっている。そして、この問題について、冷戦期には少なくとも二つの大きな分岐点があったと考えられる。

最初の分岐点は冷戦初期である。第2章で見たように、第二次世界大戦末期、ローズヴェルトはスターリンのソ連を戦後国際秩序の形成・維持の担い手として統合しようとしていた。それは戦後秩序形成の必要性から生じたものであると同時に、ロシア問題への対処という側面もあった。しかしローズヴェルトの死後、米ソはドイツ問題その他をめぐって対立を深めていった。そしてトルーマンはソ連を封じ込める道を、スターリンはアメリカ中心の戦後秩

序への統合を拒否する道を選んだ。両者の決定は、その後約四五年間にわたって国際政治を大きく方向づけることになった。

次の、より重要な分岐点は冷戦末期である。第10章で論じたが、スターリンとは対照的に、ゴルバチョフは、冷戦後に汎ヨーロッパ的な国際秩序を打ち立て、そこにソ連を統合することを強く求めていた。西ドイツのゲンシャーやフランスのミッテランもこれに呼応する立場をとっていた。しかし、ブッシュとコールは、汎ヨーロッパ的な秩序にソ連を統合する道よりも、NATOとEUという既存の西側の枠組みのなかでドイツを再統一する「プレハブ方式」でドイツ問題の解決を優先する道を選んだ。

複数の歴史家が指摘するように、ゴルバチョフのソ連がヨーロッパ秩序に統合されなかったことは、その後の西側とソ連・ロシアの関係にも大きな影響を与えた。ゴルバチョフに続くエリツィン政権期、さらにはプーチン政権の初期にも、米ロ間でNATOの東方拡大をめぐって一定の利害調整が行われている。また、二〇〇〇年代の原油価格の上昇が西側に対するロシアの戦略に大きな影響を与えたという議論もある。

こうした点を考慮すれば、実際に起きたヨーロッパ冷戦の終わり方が、そのまま現在の西側とロシアとの関係へと単線的につながったとはいえない。だが、西側とイデオロギーを共有しつつあったゴルバチョフが、強くヨーロッパ秩序への統合を望んでいたことを考えれば、冷戦終結期はロシア問題解決の大きなチャンスだったと考えられよう。しかし、この道はとられなかったのだ。

東欧諸国の反対やアメリカ国内の政治状況を考えれば、ブッシュがこうした決断を下すことは極めて難しかったことはまちがいない。また、ブッシュ政権の慎重な外交を「責任ある安全保障政策」と見ることもできる。だがその一方、こうしたブッシュの選択を、ゴルバチョフを信頼して大胆な核軍縮合意へと踏み出したレーガンのそれと対照させることもまた可能だろう。

ドイツ政治外交史を研究する板橋拓己は、歴史は「可能性の束」であって、ヨーロッパ冷戦の終わり方、そしてその後の西側とロシアの関係性にも様々な可能性があったと指摘する。筆者はこの考えに強く同意する。だが、こうした可能性は米ソ関係、東アジア、そして第三世界においても同じであったのではないだろうか。冷戦末期に日ソが領土問題を解決するために、また日米や北朝鮮が関係改善に向けて実際とは違ったアプローチをとっていれば、現在の東アジア情勢はどうなっていただろうか。第三世界からの撤退に際して米ソや各地域の当事者たちが異なった態度をとっていれば、その後の歴史の流れはまた変わっていたのではなかったか。

こうした思考実験は単なる「歴史の後知恵」に過ぎないのかもしれない。だが、歴史のある時点で後の歴史の流れを変えるような道があったことを知り、それがなぜとられなかったのかを考えることは、現在の世界を理解し、未来を変えることにつながる。ここに、その終焉から三十余年を経ても冷戦史を学び、知ることの意味があるのだろう。

あとがき

冷戦終結から三〇年以上が経過した。

筆者にとってこの三〇年は国際政治学や冷戦史を学び続けた日々であった。一九九二年に大学に進んだ筆者は、冷戦が終わりへと向かうなかで、多感な中高生の時期を過ごした。ゴルバチョフとレーガンの首脳会談、天安門事件、ベルリンの壁崩壊、ソ連崩壊といった出来事が、次々と報道されたことは今でも鮮明に覚えている。

筆者と近い世代の研究者には、冷戦末期の変化に衝撃を受けて大学で国際政治を専攻し、研究の世界に足を踏み入れた人も多いようだ。だが、筆者はそうではなかった。当時、筆者の関心は、広い世界ではなく、自身の周りのことに向いていた――部活とか、入試とか、そういったことだ。歴史に特に関心があったわけでもない。それどころか、筆者は世界史を苦手としていた。理由は分からなかったが、教科書に登場する多くの人名や出来事がどうにも、しっくりと頭に入らなかった。大学入試でも倫理・政治経済を選択した。

大学に進んでも現実の国際情勢への関心の薄さは変わらず、サークル活動に精を出していた。転機となったのは大学二年の春である。「せっかくだから大学らしい勉強がしたい」と思い、一、二年生向けの国際政治学のゼミを受講することにしたのだ。「なんとなく関心があった」という程度の理由で参加したゼミだったが、イギリスの外交官で歴史家でもあったE・H・カーの古典『危機の二十年』を原書で読み、戦間期の国際政治を題材に理想主義と力の現実のせめぎ合いについて突っ込んだ議論をするのは刺激的だった。

三年進級時に国際政治学のゼミを選択した筆者は、その一年後、迷いながらも、大学院に進んで冷戦期の米欧関係を研究することを決めた。国際政治学というレンズを通すことで、過去の出来事を意味のあるストーリーとして捉えられることに気がついたのだろう。結局、世界史の苦手な高校生は、現実の国際問題を歴史のなかで考える面白さを学生に伝える仕事についている。自分の経験一つとっても、つくづく歴史は可能性と逆説に満ちている。

本書は、筆者がコツコツと進めてきた冷戦史研究の、現時点での成果である。新書としては長めの本になったが、冷戦が文化や社会に与えた影響など、扱えなかった点も多い。次々と出版される書籍や論文の知見を可能な限り取り入れるよう努力したが、力が及ばなかった部分も沢山ある。それでも、これまでの学びを書物として形にできたことを、素直に嬉しく思う。歴史研究は、多くの研究者の地道な積み重ねの総体として少しずつ進んでいく。本書がこの営みにいくらかでも貢献し、冷戦史の面白さと重要性を読者に伝えられたとすれば、望外の喜びである。

本書を書くきっかけは、二〇一七年八月に中公新書編集部の田中正敏さんから冷戦史を書くよう依頼されたことであった。脱稿まで六年かかったことになる。この間、田中さんは辛抱強く待ち、執筆方針に迷って一度は挫折しかかった筆者と真摯《しんし》に向き合ってくださった。筆者がようやく原稿を提出すると、それがより多くの人々にとって読みやすい、魅力的なものとなるよう心を尽くされた。なんとか本書が完成した今、心からお礼を申し上げたい。

他にも多くの方々に力を貸していただいた。筆者が研究者としてまがりなりにも独り立ちできたのは、日米二つの大学で田中孝彦先生と長谷川毅先生の指導を受けたからである。「四つの地域」という本書の視角は、板橋拓己さんの依頼で行った二〇一九年度日本政治学会での報告ペーパーを用意するなかで得た。執筆に行き詰まったとき、書き続けるよう強く背中を押してくれた小野沢透さんには感謝の言葉しかない。

倉科一希さん、藤田吾郎さん、三宅康之さん、山本健さんは、貴重な時間を割いて草稿の全体に目を通して多くの誤りを指摘し、内容を改善するための有益なコメントをくださった。また、勤務先である一橋大学大学院の国際関係史ゼミのみなさんにも、原稿の一部を読んでコメントしていただいた。もちろん、記述に関する責任はすべて筆者にある。

紙幅の都合でお名前をあげることはできないが、日ごろから共同研究や学会などで、多くを学ばせていただいている方々にもお礼申しあげたい。また、一橋大学の学生たちとの議論から得たものの大きさは計り知れない。これまで学部・大学院ゼミに参加してくれたみなさんに改めて感謝したい。

なかなか進まなかった本書だが、最後の仕上げをケンブリッジ大学での在外研究中に集中して行うことができた。海外研修のための助成をくださった鹿島学術振興財団と一橋大学後援会、快く送り出してくださった勤務先の同僚のみなさん、温かく迎えてくださったケンブリッジ大学アジア・中東研究学部のみなさんにお礼を申し上げたい。

冷戦期は、八〇代半ばにさしかかった両親が働きながら筆者を育ててくれた時代でもある。冷戦を背景とした日本の経済的繁栄があればこそとはいえ、大学院まで進んだ息子を経済的に支えることは大変だったはずだ。そして妻と二人の娘たちは執筆に取り組む筆者を常に温かく見守り、マラソンのような作業に最後まで伴走してくれた。謹んで本書を家族に捧げる。

二〇二三年一〇月　ケンブリッジにて

青野利彦

写真出典一覧

p.3 akg-images/アフロ

p.66 TASS/アフロ

p.133 unknown author / CC-BY-SA 3.0: Wikimedia Commons

p.169 RIA Novosti archive, image #58833 / A. Solomonov / CC-BY-SA 3.0: Wikimedia Commons

p.195 World Economic Forum / CC BY-SA 2.0: Wikimedia Commons

*上記以外の写真はパブリック・ドメイン

1990	2月：デクラーク、アパルトヘイト体制廃止を発表／マンデラ釈放／ベーカー、ゴルバチョフとの会談で「1インチたりとも」発言／ニカラグア総選挙。3月：リトアニアが独立、エストニアが完全な独立へ向けた移行期間を宣言／ソ連、大統領制に移行／ナミビア独立。4月：独仏首脳、欧州統合に関する共同声明／CSCE経済協力会議。6月：韓ソ首脳会談。7月：NATOロンドン宣言／コール訪ソ。8月：イラクがクウェート侵攻。9月：シェヴァルナッゼ・ソ連外相が北朝鮮訪問／韓ソ国交正常化。10月：ドイツ再統一。11月：CSCE首脳会議で欧州通常兵力削減条約（CFE）調印。
1991	1月：多国籍軍がイラク攻撃開始（湾岸戦争）／日朝国交正常化交渉開始。4月：ゴルバチョフ訪日。6月：ロシア共和国選挙でエリツィンが大統領に。7月：ワルシャワ条約機構解体／米ソ首脳会談（モスクワ）でSTART条約調印。8月：反ゴルバチョフ派によるクーデタ。9月：韓国・北朝鮮が国連同時加盟／ブッシュ、大統領核イニシアチブ（PNI）発表。12月：ソ連邦消滅／朝鮮半島非核化宣言が採択。
1992	4月：アフガニスタンでナジブラ政権崩壊。8月：韓中国交正常化。9月：アンゴラ大統領選挙。選挙実施後、内戦再発。
1996	9月：アフガニスタンでターリバーン政権成立。

冷戦史（下）関連年表

1979	1月：米中国交正常化。2月：中越戦争。4月：イラン革命でイラン・イスラーム共和国成立。6月：米ソ、SALTⅡ条約調印。7月：ニカラグア革命。12月：日本が対中ODA開始意図を表明／NATO「二重決定」／ソ連、アフガニスタン侵攻。
1980	1月：「カーター・ドクトリン」演説／カーター、議会にSALTⅡの批准審議停止要請。7月：カーター、大統領指令第59号発令／ポーランド危機始まる。
1981	1月：レーガン大統領就任。11月：米ソINF交渉開始。
1982	3月：ブレジネフ、中ソ関係改善を呼びかけ。6月：戦略兵器削減交渉（START）開始。8月：台湾武器売却問題に関する米中共同コミュニケ。9月：中国、「独立自主」を対外方針に。10月：中ソ、関係改善に向けて協議開始。11月：ブレジネフ死去。
1983	3月：レーガン「悪の帝国」演説／アメリカ、戦略防衛構想（SDI）発表。5月：先進国首脳会議（ウィリアムズバーグ）。9月：大韓航空機撃墜事件。11月：NATOが新型INF配備開始。ソ連はINF交渉退席。
1984	1月：レーガン、ソ連に交渉呼びかけ。5月：金日成、23年ぶりに訪ソ。9月：全斗煥が南北「クロス承認」計画実施へ。
1985	1月：米ソ、核軍縮交渉再開に合意。3月：ゴルバチョフ書記長就任。11月：米ソ首脳会談（ジュネーブ）。
1986	4月：チェルノブィリ原発事故。7月：ゴルバチョフ、ウラジオストーク演説。10月：米ソ首脳会談（レイキャビク）。11月：イラン・コントラ事件発覚。12月：モザンビーク、IMFの経済復興計画受け入れ／ベトナム共産党、「ドイモイ」路線採択。
1987	3月：サッチャー訪ソ。6月：韓国民主化宣言。8月：中米和平に関するエスキプラス合意Ⅱ成立。12月：米ソ首脳会談（ワシントン）、INF全廃条約調印。
1988	4月：アフガニスタンに関するジュネーブ和平合意締結。5月：ソ連軍がアフガニスタン撤兵開始（89年2月完了）／米ソ首脳会談（モスクワ：～6月）。12月：米ソ首脳会談（ニューヨーク）／ゴルバチョフ、国連で演説／アンゴラ・ナミビア協定締結。
1989	1月：ブッシュ大統領就任。5月：ゴルバチョフ訪中。6月：ポーランド自由選挙で「連帯」勝利／中国で天安門事件。7月：ワルシャワ条約機構が「ブレジネフ・ドクトリン」無効化／ブッシュ、東欧諸国訪問。8月：アフリカ民族会議（ANC）交渉受け入れ。9月：南アフリカ、デクラーク大統領就任。11月：ベルリンの壁崩壊／ナミビア制憲議会選挙／コール、「10項目提案」発表。12月：東欧諸国で体制転換／米ソ首脳会談（マルタ島）。

侵攻。
1969 1月：ニクソン大統領就任。3月：ワルシャワ条約機構「ブダペスト・アピール」採択／ダマンスキー島で中ソ武力衝突。7月：ニクソン、「グアム・ドクトリン」発表。8月：新疆で中ソ武力衝突。10月：西ドイツ、ブラント政権成立。11月：西ドイツがNPT参加。12月：EC「ハーグ・コミュニケ」採択。
1970 8月：西ドイツとソ連、モスクワ条約締結／朴正熙が「善意の競争」提案。10月：ヨーロッパ政治協力（EPC）発足。12月：ポーランドで労働者ストライキ。
1971 3月：在韓米軍一部撤退。6月：周恩来、復交三原則を発表。7月：キッシンジャー極秘訪中、翌年のニクソン訪中発表。
1972 1月：グロムイコ・ソ外相訪日。2月：ニクソン訪中、上海コミュニケ発表。5月：ニクソン訪ソ、戦略兵器制限条約（SALT I）・ABM制限条約・米ソ関係基本原則に調印。6月：米英仏ソ、ベルリン協定締結。7月：韓国・北朝鮮「南北共同声明」発表。9月：田中首相訪中、日中国交回復。12月：東西ドイツ基本条約調印。
1973 1月：イギリス・アイルランド・デンマークがEC加盟／ベトナム戦争終結に関するパリ和平協定締結。6月：ブレジネフ訪米、米ソ核戦争防止協定締結／朴正熙、南北朝鮮の国連同時加盟を求める声明発表。9月：東西ドイツ国連同時加盟。10月：第四次中東戦争勃発、石油危機始まる／田中首相訪ソ。
1974 4月：ポルトガルでクーデタ発生、アフリカ植民地が独立へ／新国際経済秩序（NIEO）樹立宣言採択。8月：ニクソン辞任、フォード大統領就任。11月：米ソ首脳会談（ウラジオストーク）、SALT IIに基本合意。
1975 3月：アンゴラ内戦勃発。6月：モザンビーク独立。7月：南アフリカ、アンゴラ介入開始。8月：ヨーロッパ安全保障協力会議（CSCE）、ヘルシンキ最終議定書採択。11月：キューバ、アンゴラに派兵。12月：ラオスで社会主義政権成立。
1976 1月：民主カンプチア成立。7月：南北ベトナム統一国家成立。9月：毛沢東死去。
1977 1月：チェコスロヴァキア市民が憲章77発表／カーター大統領就任。7月：オガデン戦争（エチオピア）勃発。
1978 4月：アフガニスタン人民民主党（PDPA）政権成立。6月：ベトナムがコメコン加入。8月：日中平和友好条約締結。9月：エジプト・イスラエル間でキャンプ・デービッド合意。12月：ベトナムが民主カンプチア侵攻。

冷戦史（下）関連年表

年	月と出来事
1960	1月：日米安保条約改定。2月：フランス、原爆実験成功。5月：U2偵察機撃墜事件が発生、米英仏ソ首脳会談（パリ）が流会。6月：中国が共産党国際会議（ブカレスト）でソ連批判。12月：アメリカ、単一統合作戦計画（SIOP）採択／カストロ、社会主義陣営との連帯姿勢を示す／南ベトナム解放民族戦線結成。
1961	1月：ケネディ政権成立。4月：ピッグス湾事件。5月：朴正熙政権成立。6月：米ソ首脳会談（ウィーン）／日米首脳会談（ケネディ＝池田）。7月：北朝鮮、ソ連・中国とそれぞれ同盟条約を締結。8月：ベルリンの壁建設開始／ソ連核実験再開。9月：非同盟諸国首脳会議（ベオグラード）。
1962	10月：キューバ・ミサイル危機／中印国境紛争再発。
1963	1月：独仏友好条約（エリゼ条約）調印。6月：米ソ、ホットライン協定締結。7月：中ソ協議（モスクワ）決裂。8月：米英ソ、部分的核実験禁止条約締結／ド・ゴール、ベトナム中立化提案。10月：アデナウアー退陣、エアハルト政権成立。11月：南ベトナムでゴ・ジン・ジエム政権崩壊／ケネディ暗殺。
1964	4月：ルーマニア労働者党「独立宣言」発表。8月：トンキン湾事件。10月：フルシチョフ失脚、ブレジネフが指導者に／中国、原爆実験成功。12月：国連貿易開発会議（UNCTAD）発足。77カ国グループ（G77）結成。
1965	2月：アメリカ、北ベトナム空爆（北爆）開始。5月：朝ソ軍事協定締結。6月：日韓基本条約締結。7月：アメリカが、ベトナムへの地上軍の大規模派遣開始。
1966	2月：仏がNATO統合軍事機構脱退を宣言。6月：ド・ゴール訪ソ。
1967	1月：西ドイツ＝ルーマニア国交回復。6月：第三次中東戦争勃発。7月：ヨーロッパ共同体（EC）発足。10月：G77閣僚会議が「アルジェ憲章」採択。11月：日米首脳会談（ジョンソン＝佐藤）、「両三年内」の沖縄返還発表。12月：NATOが柔軟反応戦略とアルメル報告書を採択。
1968	1月：北朝鮮による青瓦台襲撃未遂事件、プエブロ号事件発生／解放民族戦線によるテト攻勢。3月：ジョンソン、交渉を呼びかけ、大統領選不出馬表明。5月：パリ五月革命。7月：核不拡散条約（NPT）調印。8月：ソ連・東欧諸国がチェコスロヴァキア

no. 39 (2002) .
Westad, Odd Arne. "Struggle for Modernity: The Golden Years of the Sino-Soviet Alliance." In *The Cold War in East Asia, 1945–1991*. ed. Tsuyoshi Hasegawa. Stanford University Press, 2011.
Young, John. "Western Europe and the end of the Cold War, 1979–1989." In *The Cambridge History of the Cold War,* vol. 3, *Endings*. eds. Melvyn P. Leffler and Odd Arne Westad. Cambridge University Press, 2010.
Zimmermann, Hubert. *Money and Security: Troops, Monetary Policy, and West Germany's Relations with the United States and Britain, 1950–1971*. Cambridge University Press, 2002.
Zubok, Vladislav M. and Constantine Pleshakov. *Inside the Kremlin's Cold War: From Stalin to Khrushchev.* Harvard University Press, 1996.
Zubok, Vladislav M. *A Failed Empire: The Soviet Union in the Cold War from Stalin to Gorbachev*. Paperback ed. University of North Carolina Press, 2009.
_____. "Gorbachev's Policy toward East Asia." In *The Cold War in East Asia, 1945–1991*. ed. Tsuyoshi Hasegawa. Stanford University Press, 2011.
_____. "Gorbachev, German Reunification, and Soviet Demise." In *German Reunification: A Multinational History*. eds. Frédéric Bozo, Andreas Rödder, and Mary Elise Sarotte. Routledge, 2016.

2010.

Saunders, Chris. "The ending of the Cold War and Southern Africa." In *The End of the Cold War and The Third World: New Perspectives on Regional Conflicts*. eds. Artemy Kalinovsky and Sergey Radchenko. Routledge, 2011.

Saikal, Amin. "Islamism, the Iranian Revolution, and the Soviet Invasion of Afghanistan." In *The Cambridge History of the Cold War,* vol. 3, *Endings*. eds. Melvyn P. Leffler and Odd Arne Westad. Cambridge University Press, 2010.

Sarotte, Mary Elise. *1989: The Struggle to Create Post-Cold War Europe*. Revised ed. Princeton University Press, 2014.

Savranskaya, Svetlana and William Taubman. "Soviet Foreign Policy, 1962–1975." In *The Cambridge History of the Cold War,* vol. 2, *Crises and Détente*. eds. Melvyn P. Leffler and Odd Arne Westad. Cambridge University Press, 2010.

Savranskaya, Svetlana. "Gorbachev and the Third World." In *The End of the Cold War and The Third World: New Perspectives on Regional Conflict*s. eds. Artemy Kalinovsky and Sergey Radchenko. Routledge, 2011.

Savranskaya, Svetlana, Thomas Blanton and Vladislav Zubok eds. *Masterpieces of History: The Peaceful End of the Cold War in Europe, 1989*. Paperback ed. Central European University Press, 2011.

Schaefer, Bernd. "North Korean 'Adventurism' and China's Long Shadow, 1966-1972." Cold War International History Project Working Paper, no. 44 (2004) .

Schaffer, Howard B. and Teresita C. Schaffer. *India at the Global High Table: The Quest for Regional Primacy and Strategic Autonomy*. Brookings Institution Press, 2016.

Stromseth, Jane. *The Origins of the Flexible Response: NATO's Debate over Strategy in the 1960's*. St. Martin's Press, 1988.

Stueck, William. *The Korean War: An International History*. Princeton University Press, 1995.

Rajak, Svetozar. "The Cold War in the Balkans, 1945–1956." In *The Cambridge History of the Cold War*, vol. 1, *Origins*. eds. Melvyn P. Leffler and Odd Arne Westad. Cambridge University Press, 2010.

Reynolds, David. *From World War to Cold War: Churchill, Roosevelt, and the International History of the 1940s*. Oxford University Press, 2006.

Shimotomai, Nobuo. "Kim Il Sung's Balancing Act between Moscow and Beijing, 1956-1972." In *The Cold War in East Asia, 1945-1991*. ed. Tsuyoshi Hasegawa. Stanford University Press, 2011.

Weathersby, Katharyn. " 'Should We Fear This?' Stalin and the Danger of War with America." Cold War International History Project Working Paper,

Norris, Robert S. and Thomas B. Cochran. "Nuclear Weapons Tests and Peaceful Nuclear Explosions by the Soviet Union, August 29, 1949 to October 24, 1990."（October 1996）（https://nuke.fas.org/norris/nuc_10009601a_173.pdf : 2023年10月3日アクセス）

Pechatnov, Vladimir O. "Averell Harriman's Mission to Moscow." *The Harriman Review* 14, nos. 3/4 (June 2003)（https://academiccommons.columbia.edu/doi/10.7916/d8-6zqk-wx09 : 2023年10月8日アクセス）

_____. "The Soviet Union and the World, 1944–1953." In *The Cambridge History of the Cold War,* vol. 1, *Origins*. eds. Melvyn P. Leffler and Odd Arne Westad. Cambridge University Press, 2010.

_____. "The Soviet Union and the Bretton Woods Conference." In *Global Perspectives on the Bretton Woods Conference and the Post-War World Order*. eds. Giles Scott-Smith and J. Simon Rofe. Springer, 2017.

Pula, Besnik. *Globalization Under and After Socialism: The Evolution of Transnational Capital in Central and Eastern Europe*. Stanford University Press, 2018.

Radchenko, Sergey. "The Soviet Union and the North Korean Seizure of the USS Pueblo: Evidence from Russian Archives." Cold War International History Project Working Paper, no. 47 (2002).

_____. *Two Suns in the Heavens: The Sino-Soviet Struggle for Supremacy, 1962–1967*. Woodrow Wilson Center Press, 2009.

_____. "Inertia and Change: Soviet Policy toward Korea, 1985–1991." In *The Cold War in East Asia, 1945–1991*. ed. Tsuyoshi Hasegawa. Stanford University Press, 2011.

_____. *Unwanted Visionaries: The Soviet Failure in Asia at the End of the Cold War*. Oxford University Press, 2014.

Raine, Fernande Scheid. "The Iranian Crisis of 1946 and the Origins of the Cold War." In *The Origins of the Cold War: An International History*. 2nd ed. eds. Melvyn P. Leffler and David S. Painter. Routledge, 2005.

Reagan, Ronald. *The Reagan Diaries Unabridged*. 2 vols. New York: Harper Collins, 2009.

Rödder, Andreas. "Transferring a Civil Revolution into High Politics: The West German Drive for Unification and the New European Order." In *German Reunification: A Multinational History*. eds. Frédéric Bozo, Andreas Rödder, and Mary Elise Sarotte. Routledge, 2016.

Sagan, Scott D. *The Limits of Safety: Organizations, Accidents, and Nuclear Weapons*. Princeton University Press, 1993.

Saunders, Chris and Sue Onslow. "The Cold War and Southern Africa, 1976–1990." In *The Cambridge History of the Cold War,* vol. 3, *Endings*. eds. Melvyn P. Leffler and Odd Arne Westad. Cambridge University Press,

Ludlow, N. Piers. "Not a Wholly New Europe: How the Integration Framework Shaped the End of the Cold War in Europe." In *German Reunification: A Multinational History*. eds. Frédéric Bozo, Andreas Rödder, and Mary Elise Sarotte. Routledge, 2016.

Lüthi, Lorenz M. *The Sino-Soviet Split: Cold War in the Communist World*. Princeton University Press, 2008.

Mark, Eduard. "The Turkish War Scare of 1946." In *The Origins of the Cold War: An International History*. 2nd ed. eds. Melvyn P. Leffler and David S. Painter. Routledge, 2005.

Martin, Garret Joseph. *General de Gaulle's Cold War: Challenging American Hegemony, 1963-1968*. Berghahn, 2013.

Mastny, Vojtech and Malcolm Byrne eds. *A Cardboard Castle?: An Inside History of the Warsaw Pact, 1955-1991*. Central European University Press, 2006.

_____. "Soviet Foreign Policy, 1953–1962." In *The Cambridge History of the Cold War,* vol. 1, *Origins*. eds. Melvyn P. Leffler and Odd Arne Westad. Cambridge University Press, 2010.

McGarr, Paul M. *The Cold War in South Asia*. Cambridge University Press, 2015.

McMahon, Robert J. "The Danger of Geopolitical Fantasies: Nixon, Kissinger, and the South Asia Crisis of 1971." In *Nixon in the World: American Foreign Relations, 1969–1977*. eds. Fredrik Logevall and Andrew Preston. Oxford University Press, 2008.

_____. *Dean Acheson and the Creation of an American World Order*. Potomac Books, 2009.

Mitchell, Nancy. "The Cold War and Jimmy Carter." In *The Cambridge History of the Cold War,* vol. 3, *Endings*. eds. Melvyn P. Leffler and Odd Arne Westad. Cambridge University Press, 2010.

National Security Archive. "The Soviet Origins of Helmut Kohl's 10 Points." National Security Archive Electronic Briefing Book No. 296, November 18, 2009.
（https://nsarchive2.gwu.edu/NSAEBB/NSAEBB296/index.htm: 2023年 8 月16日最終アクセス）

Nguyen, Lien-Hang T. "The Sino-Vietnamese Split in the Indochina War, 1968-1975." In *The Third Indochina War: Conflict between China, Vietnam and Cambodia, 1972-79*. eds. Odd Arne Westad and Sophie Quinn-Judge. Routledge, 2006.

Noh, Meung-Hoan. "The Influence of the West German Ostpolitik on the Korean South–North Relations 1969–1972: Centered on the Red Cross Talks and the 7-4 Joint Communiqué." *International Area Studies Review* 9, Issue 2（2006）.

_____. "The Cold War in South and Central Asia." In *The Routledge Handbook of the Cold War*. eds. Artemy M. Kalinovsky and Craig Daigle. Routledge, 2014.

Kirby, William C., Robert S. Ross, and Gong Li, eds. *Normalization of U.S.-China Relations: An International History*. Harvard University Press, 2005.

Kemp-Welch, Anthony. "Eastern Europe: Stalinism to Solidarity." In *The Cambridge History of the Cold War*, vol. 2, *Crises and Détente*. eds. Melvyn P. Leffler and Odd Arne Westad. Cambridge University Press, 2010.

Kent, John. "The British Empire and the Origins of the Cold War, 1944–49." In *Britain and the First Cold War*. ed. Ann Deighton. Macmillan, 1990.

Kissinger, Henry A. "The Viet Nam Negotiations." *Foreign Affairs* 47, no. 2 (January 1969).

Komornicka, Aleksandra. "From 'Economic Miracle' to the 'Sick Man of the Socialist Camp': Poland and the West in the 1970s." In *European Socialist Regimes' Fateful Engagement with the West: National Strategies in the Long 1970s*. eds. Angela Romano and Federico Romero. Routledge, 2021.

Kotkin, Stephen. "The Kiss of Debt." In *The Shock of the Global: The 1970s in Perspective*. eds. Niall Ferguson, et. al. Belknap Press of Harvard University Press, 2010.

Kramer, Mark. "'Lessons' of the Cuban Missile Crisis for Warsaw Pact Nuclear Operations." Cold War International History Project Bulletin, nos. 8–9 (Winter 1996–1997).

Kristensen, Hans M. and Robert S. Norris, "A History of US Nuclear Weapons in South Korea." *Bulletin of the Atomic Scientists* 73 (2017).

Larson, Deborah Welch. "Crisis Prevention and the Austrian State Treaty." *International Organization* 41, no. 1 (Winter 1987).

Leffler, Melvyn P. *The Specter of Communism: The United States and the Origins of the Cold War, 1917–1955*. Hill & Wang, 1994.

_____. "The Emergence of an American Grand Strategy, 1945–1952." In *The Cambridge History of the Cold War*, vol. 1, *Origins*. eds. Melvyn P. Leffler and Odd Arne Westad. Cambridge University Press, 2010.

Lévesque, Jacques. "The East European Revolutions of 1989." In *The Cambridge History of the Cold War*, vol. 3, *Endings*. eds. Melvyn P. Leffler and Odd Arne Westad. Cambridge University Press, 2010.

Logevall, Fredrik. *Choosing War: The Lost Chance for Peace and the Escalation of War in Vietnam*. University of California Press, 1999.

_____. *The Origins of the Vietnam War*. Routledge, 2001.

_____. "The Indochina Wars and the Cold War, 1945–1975." In *The Cambridge History of the Cold War*, vol. 2, *Crises and Détente*. eds. Melvyn P. Leffler and Odd Arne Westad. Cambridge University Press, 2010.

______. *Strategies of Containment: A Critical Appraisal of American National Security Policy during the Cold War*. Revised and Expanded ed. Oxford University Press, 2005.

Gaiduk, Ilya V. *Divided Together: The United States and the Soviet Union in the United Nations, 1945-1965*. Stanford University Press, 2013.

Garthoff, Raymond L. *The Great Transition: American-Soviet Relations and the End of the Cold War*. The Brookings Institution, 1994.

Germuska, Pál. "Failed Eastern Integration and a Partly Successful Opening up to the West: The Economic Reorientation of Hungary during the 1970s." *European Review of History* 21（2）（2014）.

Gilbert, Mark. *Cold War Europe: The Politics of a Contested Continent.* Rowman & Littlefield, 2014.

Gilpin, Robert. *The Political Economy of International Relations.* Princeton University Press, 1987.

Gleijeses, Piero. "Cuba and the Cold War, 1959–1980." In *The Cambridge History of the Cold War*, vol. 2, *Crises and Détente*. eds. Melvyn P. Leffler and Odd Arne Westad. Cambridge University Press, 2010.

Harrison, Hope M. *Driving the Soviets Up the Wall: Soviet–East German Relations, 1953–1961.* Princeton University Press, 2003.

Hasegawa, Tsuyoshi. "Soviet Arms Control Policy in Asia and the U.S.-Japan Alliance." *Japan Review of International Affairs* 2, no. 2（Fall/Winter 1988）.

Haslam, Jonathan. *Russia's Cold War: From the October Revolution to the Fall of the Wall*. Yale University Press, 2011.

Hoffmann, Stanley. *Gulliver's Troubles: Or, the Setting of American Foreign Policy*. McGraw-Hill, 1968.

Hughes, Geraint. *Harold Wilson's Cold War: The Labour Government and East-West Politics, 1964-1970*. Royal Historical Society, 2009.

Iriye, Akira. *The New Cambridge History of American Foreign Relations,* vol. 3, *The Globalizing of America, 1913–1945*. Paperback ed. Cambridge University Press, 2015.

Jervis, Robert. "Mutual Assured Destruction." *Foreign Policy* 133（November - December, 2002）.

Jian, Chen and Yang Kuisong. "Chinese Politics and the Collapse of the Sino-Soviet Alliance." In *Brothers in Arms*: *The Rise and Fall of the Sino-Soviet Alliance, 1945-1963*. ed. Odd Arne Westad. Woodrow Wilson Center Press, 1998.

Jian, Chen. *Mao's China and the Cold War*. University of North Carolina Press, 2001.

Kalinovsky, Artemy M. *A Long Goodbye: The Soviet Withdrawal from Afghanistan*. Harvard University Press, 2011.

英文

Arms Control Association. "The Presidential Nuclear Initiatives（PNIs）on Tactical Nuclear Weapons at a Glance." Fact Sheets and Briefs.（https://www.armscontrol.org/factsheets/pniglance：2023年 8 月16日 アクセス）

Asselin, Pierre. *Vietnam's American War*. Cambridge University Press, 2018.

Békés, Csaba. "East Central Europe, 1953–1956." In *The Cambridge History of the Cold War,* vol. 1, *Origins*. eds. Melvyn P. Leffler and Odd Arne Westad. Cambridge University Press, 2010.

Bertsch, Gary K. "Introduction." In *Controlling East-West Trade and Technology Transfer: Power, Politics, and Policies*, ed. Gary K. Bertsch. Duke University Press, 1988.

Best, Antony, Jussi Hanhimäki, Joseph A. Maiolo and Kirsten E. Schulze. *International History of the Twentieth Century and Beyond*. 3rd ed. Routledge, 2015.

Bozo, Frédéric. "The Failure of a Grand Design: Mitterrand's European Confederation, 1989–1991." *Contemporary European History* 17, 3（2008）.

_____. *French Foreign Policy since 1945: An Introduction*. Translated by Jonathan Hensher. Berghahn, 2016.

_____. "From 'Yalta' to Maastricht: Mitterrand's France and German Unification." In *German Reunification: A Multinational History*. eds. Frédéric Bozo, Andreas Rödder, and Mary Elise Sarotte. Routledge, 2016.

Bradley, Mark. "Decolonization, the Global South, and the Cold War, 1919–1962." In *The Cambridge History of the Cold War,* vol. 1, *Origins*. eds. Melvyn P. Leffler and Odd Arne Westad. Cambridge University Press, 2010.

Brands, Hal. *Latin America's Cold War*. Harvard University Press, 2010.

Bush, George H. W. and Brent Scowcroft. *A World Transformed*. Paperback ed. Vintage, 1999.

Byrne, Malcolm. "Dealing with Iran: The US, Britain, and Regime Change, 1951–3." In *European-American Relations and the Middle East: From Suez to Iraq*. eds. Daniel Möckli and Victor Mauer. Routledge, 2011.

Crump, Laurien. *The Warsaw Pact Reconsidered: International Relations in Eastern Europe, 1955-1969*. Routledge, 2017.

Dobrynin, Anatoly. *In Confidence: Moscow's Ambassador to America's Six Cold War Presidents 1962-1986*. Times Books, 1995.

FitzGerald, Frances. *Way Out There In the Blue: Reagan, Star Wars and the End of the Cold War*. A Touchstone Book, 2001.

Gaddis, John Lewis. *The United States and the Origins of the Cold War, 1941-1947*. Columbia University Press, 1972.

―――「似て非なる関係――南北朝鮮・東方外交・EC諸国、1969～1975年」細谷雄一編『戦後アジア・ヨーロッパ関係史――冷戦・脱植民地化・地域主義』慶應義塾大学出版会、2015年
―――『ヨーロッパ冷戦史』ちくま新書、2021年
横手慎二「ソ連の戦後アジア構想」和田春樹・後藤乾一・木畑洋一・山室信一・趙景達・中野聡・川島真編『岩波講座東アジア近現代通史　第6巻　アジア太平洋戦争と「大東亜共栄圏」1935-1945年』岩波書店、2011年
吉澤文寿「日韓国交正常化」和田春樹・後藤乾一・木畑洋一・山室信一・趙景達・中野聡・川島真編『岩波講座東アジア近現代通史　第8巻　ベトナム戦争の時代 1960-75年』岩波書店、2011年
吉留公太「冷戦終結過程における二つの米ソ『密約』と史料開示状況」日本政治学会2019年度研究大会報告ペーパー（2019年）
―――『ドイツ統一とアメリカ外交』晃洋書房、2021年
ラフィーバー、ウォルター（平田雅己・伊藤裕子監訳）『アメリカVSロシア――冷戦時代とその遺産』芦書房、2012年
李鍾元『東アジア冷戦と韓米日関係』東京大学出版会、1996年
―――「日韓会談の政治決着と米国――『大平・金メモ』への道のり」李鍾元・木宮正史・浅野豊美編『歴史としての日韓国交正常化 I　東アジア冷戦編』法政大学出版局、2011年
李東俊『未完の平和――米中和解と朝鮮問題の変容 1969～1975年』法政大学出版局、2010年
レーガン、ロナルド（尾崎浩訳）『わがアメリカンドリーム――レーガン回想録』読売新聞社、1993年
ローズ、リチャード（小沢千重子・神沼二真訳）『原爆から水爆へ――東西冷戦の知られざる内幕　下巻』紀伊國屋書店、2001年
若月秀和『現代日本政治史④　大国日本の政治指導　1972～1989』吉川弘文館、2012年
若林正丈「『台湾問題』の新しい内実――内戦はどこまで溶解したか？」高木誠一郎編『脱冷戦期の中国外交とアジア・太平洋』日本国際問題研究所、2000年
和田春樹『歴史としての社会主義』岩波新書、1992年
―――『北方領土問題――歴史と未来』朝日選書、1999年
―――『朝鮮戦争全史』岩波書店、2002年
―――「経済発展と民主革命 1975-1990年」和田春樹・後藤乾一・木畑洋一・山室信一・趙景達・中野聡・川島真編『岩波講座東アジア近現代通史　第9巻　経済発展と民主革命 1975-1990年』岩波書店、2011年
―――『北朝鮮現代史（第二刷改訂版）』岩波新書、2019年

益尾知佐子・青山瑠妙・三船恵美・趙宏偉『中国外交史』東京大学出版会、2017年
益田実「第二次世界大戦とイギリス帝国」佐々木雄太編『イギリス帝国と20世紀　第3巻　世界戦争の時代とイギリス帝国』ミネルヴァ書房、2006年
益田実・山本健編『欧州統合史——二つの世界大戦からブレグジットまで』ミネルヴァ書房、2019年
マストニー、ヴォイチェフ（秋野豊・広瀬佳一訳）『冷戦とは何だったのか——戦後政治史とスターリン』柏書房、2000年
マゾワー、マーク（中田瑞穂・網谷龍介訳）『暗黒の大陸——ヨーロッパの20世紀』未來社、2015年
松岡完『ベトナム戦争——誤算と誤解の戦場』中公新書、2001年
松岡完・広瀬佳一・竹中佳彦『冷戦史——その起源・展開・終焉と日本』同文舘出版、2003年
松戸清裕『ソ連史』ちくま新書、2011年
松村史紀「中ソ同盟の成立（1950年）——『戦後』と『冷戦』の結節点」『宇都宮大学国際学部研究論集』34号（2012年）
水本義彦『同盟の相剋——戦後インドシナ紛争をめぐる英米関係』千倉書房、2009年
———「ジュネーヴ首脳会談（1955年7月）成立過程におけるイギリスの役割」『国際政経』15号（2010年）
———「ヴェトナム和平協定とラオス、1969-1973——キッシンジャー＝レ・ドク・ト交渉を中心に」『国際政経』16号（2010年）
峯陽一『南アフリカ「虹の国」への歩み』岩波新書、1996年
宮城大蔵『バンドン会議と日本のアジア復帰——アメリカとアジアの狭間で』草思社、2001年
———「ふたつのアジア・アフリカ会議と日本・中国」『中国21』14号（2002年）
三宅康之「中国における改革開放と新冷戦」日本政治学会2021年度研究大会分科会ペーパー（2021年）
宮本悟「朝鮮民主主義人民共和国のベトナム派兵」『現代韓国朝鮮研究』2号（2003年）
村田晃嗣『大統領の挫折——カーター政権の在韓米軍撤退政策』有斐閣、1998年
毛里和子『中国とソ連』岩波新書、1989年
森聡『ヴェトナム戦争と同盟外交——英仏の外交とアメリカの選択 1964-1968年』東京大学出版会、2009年
柳沢英二郎・加藤正男・細井保・堀井伸晃・吉留公太『危機の国際政治史 1873～2012』亜紀書房、2013年
山本健『同盟外交の力学——ヨーロッパ・デタントの国際政治史 1968-1973』勁草書房、2010年

―――「ゴルバチョフの東アジア政策」和田春樹・後藤乾一・木畑洋一・山室信一・趙景達・中野聡・川島真編『岩波講座東アジア近現代通史　第9巻　経済発展と民主革命 1975-1990年』岩波書店、2011年
原貴美恵「北方領土問題と平和条約交渉」和田春樹・後藤乾一・木畑洋一・山室信一・趙景達・中野聡・川島真編『岩波講座東アジア近現代通史　第7巻　アジア諸戦争の時代 1945-1960年』岩波書店、2011年
平岩俊司『朝鮮民主主義人民共和国と中華人民共和国――「唇歯の関係」の構造と変容』世織書房、2010年
フェイト、F.（熊田亨訳）『スターリン以後の東欧』岩波現代選書、1978年
福田円『中国外交と台湾――「一つの中国」原則の起源』慶應義塾大学出版会、2013年
藤原帰一『デモクラシーの帝国――アメリカ・戦争・現代世界』岩波新書、2002年
ブラウン、アーチー（小泉直美・角田安正訳）『ゴルバチョフ・ファクター』藤原書店、2008年
―――（下斗米伸夫監訳）『共産主義の興亡』中央公論新社、2012年
古田元夫『歴史としてのベトナム戦争』大月書店、1991年
―――「ドイモイ路線の起源と展開」和田春樹・後藤乾一・木畑洋一・山室信一・趙景達・中野聡・川島真編『岩波講座東アジア近現代通史　第9巻　経済発展と民主革命 1975-1990年』岩波書店、2011年
ベシュロス、マイケル・R.（篠原成子訳）『1960年5月1日――その日軍縮への道は閉ざされた』朝日新聞社、1987年
ヘライナー、エリック（矢野修一・柴田茂紀・参川城穂・山川俊和訳）『国家とグローバル金融』法政大学出版局、2015年
細谷雄一『戦後国際秩序とイギリス外交――戦後ヨーロッパの形成 1945年～1951年』創文社、2001年
ホブズボーム、エリック（大井由紀訳）『20世紀の歴史――両極端の時代』上下、ちくま学芸文庫、2018年
ホロウェイ、デーヴィド（川上洸・松本幸重訳）『スターリンと原爆』上下、大月書店、1997年
前田寿『軍縮交渉史』東京大学出版会、1968年
マクマン、ロバート（青野利彦監訳：平井和也訳）『冷戦史』勁草書房、2018年
正村俊之『グローバリゼーション――現代はいかなる時代なのか』有斐閣、2009年
益尾知佐子「鄧小平期中国の対朝鮮半島外交――中国外交「ウェストファリア化」の過程」『アジア研究』48巻3号（2002年）
―――『中国政治外交の転換点――改革開放と「独立自主の対外政策」』東京大学出版会、2010年

ステイル、ベン（小坂恵理訳）『マーシャル・プラン――新世界秩序の誕生』みすず書房房、2020年
瀬川高央『米ソ核軍縮交渉と日本外交』北海道大学出版会、2016年
妹尾哲志『戦後西ドイツ外交の分水嶺――東方政策と分断克服の戦略、1963～1975年』晃洋書房、2011年
高橋進『歴史としてのドイツ統一――指導者たちはどう動いたか』岩波書店、1999年
高原明生・前田宏子『シリーズ中国近現代史⑤　開発主義の時代へ 1972-2014』岩波新書、2014年
田所昌幸『「アメリカ」を超えたドル――金融グローバリゼーションと通貨外交』中公叢書、2001年
田中陽兒・倉持俊一・和田春樹編『世界歴史大系ロシア史3　20世紀』山川出版社、1997年
田中孝彦『日ソ国交回復の史的研究――戦後日ソ関係の起点 1945-1956』有斐閣、1993年
タルボット、ストローブ＝マイケル・R・ベシュロス（浅野輔訳）『最高首脳交渉――ドキュメント・冷戦終結の内幕』上下、同文書院インターナショナル、1993年
鶴岡路人『欧州戦争としてのウクライナ戦争』新潮選書、2023年
ドックリル、マイケル・L.＝マイケル・F・ホプキンス（伊藤裕子訳）『冷戦 1945-1991』岩波書店、2009年
ドブズ、マイケル（布施由紀子訳）『核時計零時1分前――キューバ危機13日間のカウントダウン』日本放送出版協会、2010年
トーブマン、ウィリアム（松島芳彦訳）『ゴルバチョフ――その人生と時代』上下、白水社、2019年
トルクノフ、アナトーリー・ワシリエヴィチ（下斗米伸夫・金成浩訳）『朝鮮戦争の謎と真実――金日成、スターリン、毛沢東の機密電報による』草思社、2001年
トルーマン、ハリー・S（堀江芳孝訳）『トルーマン回顧録Ⅱ［新装版］』恒文社、1992年
中兼和津次「空想から現実へ――マルクス、レーニン、スターリン、毛沢東、鄧小平に見られる社会主義像の変遷」『比較経済研究』55巻2号（2018年）
中島琢磨『沖縄返還と日米安保体制』有斐閣、2012年
中野亜里『現代ベトナムの政治と外交――国際社会参入への道』暁印書館、2006年
野添文彬「米国の東アジア戦略と沖縄返還交渉――対中・対韓政策との連関を中心に」『国際政治』172号（2013年）
長谷川毅『北方領土問題と日露関係』筑摩書房、2000年
―――『暗闘――スターリン、トルーマンと日本の降伏』中央公論新社、2006年

牛軍（真水康樹訳）『冷戦期中国外交の政策決定』千倉書房、2007年
———（真水康樹訳）『中国外交政策決定研究』千倉書房、2021年
楠綾子『現代日本政治史①　占領から独立へ 1945～1952』吉川弘文館、2013年
久保亨『シリーズ中国近現代史④　社会主義への挑戦 1945-1971』岩波新書、2011年
倉科一希『アイゼンハワー政権と西ドイツ——同盟政策としての東西軍備管理交渉』ミネルヴァ書房、2008年
高一『北朝鮮外交と東北アジア 1970-1973』信山社、2010年
後藤乾一「インドネシア独立と日本・国際環境」和田春樹・後藤乾一・木畑洋一・山室信一・趙景達・中野聡・川島真編『岩波講座東アジア近現代通史　第7巻　アジア諸戦争の時代 1945-1960年』岩波書店、2011年
ゴールドマン、マーシャル・I.（小川和男訳）『危機に立つソ連経済——スターリン型モデルの破産』時事通信社、1983年
———（大朏人一訳）『ゴルバチョフの挑戦——ハイテク時代の経済改革』岩波書店、1988年
坂元一哉『日米同盟の絆——安保条約と相互性の模索［増補版］』有斐閣、2020年
佐々木卓也『封じ込めの形成と変容——ケナン、アチソン、ニッツェとトルーマン政権の冷戦戦略』三嶺書房、1993年
———『アイゼンハワー政権の封じ込め政策——ソ連の脅威、ミサイル・ギャップ論争と東西交流』有斐閣、2008年
———『冷戦——アメリカの民主主義的生活様式を守る戦い』有斐閣、2011年
佐橋亮『共存の模索——アメリカと「二つの中国」の冷戦史』勁草書房、2015年
柴田三千雄・木谷勤『世界現代史』山川出版社、1985年
清水麗『台湾外交の形成——日華断交と中華民国からの転換』名古屋大学出版会、2019年
下斗米伸夫『モスクワと金日成——冷戦の中の北朝鮮1945-1961年』岩波書店、2006年
———『日本冷戦史——帝国の崩壊から55年体制へ』岩波書店、2011年
ジャット、トニー（森本醇訳）『ヨーロッパ戦後史（上）1945-1971』みすず書房、2008年
———（浅沼澄訳）『ヨーロッパ戦後史（下）1971-2005』みすず書房、2008年
シャラー、マイケル（五味俊樹監訳）『アジアにおける冷戦の起源——アメリカの対日占領政策』木鐸社、1996年
沈志華（朱建栄訳）『最後の「天朝」——毛沢東・金日成時代の中国と北朝鮮』上下、岩波書店、2016年

ガイドゥク、イリヤ・V「二つの戦争の間の平和攻勢——フルシチョフのアジア政策、一九五三～一九六四年」渡辺昭一編『コロンボ・プラン——戦後アジア国際秩序の形成』法政大学出版局、2014年
外務省「いわゆる『密約』問題に関する有識者委員会報告書」2010年３月９日
外務省ＨＰ「ニカラグア共和国基礎データ」（https://www.mofa.go.jp/mofaj/area/nicaragua/data.html：2023年８月16日アクセス）
金子譲『NATO北大西洋条約機構の研究——米欧安全保障関係の軌跡』彩流社、2008年
カミングス、ブルース「世界システムにおける日本の位置」アンドルー・ゴードン編（中村政則監訳）『歴史としての戦後日本〈上〉』みすず書房、2002年
———（横田安司・小林知子訳）『現代朝鮮の歴史——世界のなかの朝鮮』明石書店、2003年
河合信晴『物語東ドイツの歴史——分断国家の挑戦と挫折』中公新書、2020年
川嶋周一『独仏関係と戦後ヨーロッパ国際秩序——ドゴール外交とヨーロッパの構築　1958-1969』創文社、2007年
菅英輝「ベトナム戦争における日本政府の和平努力と日米関係——一九六五年～六八年」『国際政治』130号（2002年）
———『冷戦と「アメリカの世紀」——アジアにおける「非公式帝国」の秩序形成』岩波書店、2016年
吉川元『ヨーロッパ安全保障協力会議（CSCE）——人権の国際化から民主化支援への発展過程の考察』三嶺書房、1994年
木戸蓊『激動の東欧史——戦後政権崩壊の背景』中公新書、1990年
木畑洋一『二〇世紀の歴史』岩波新書、2014年
木宮正史『国際政治のなかの韓国現代史』山川出版社、2012年
———『日韓関係史』岩波新書、2021年
金淑賢「韓国の北方外交の概念と進展、そして評価」『現代韓国朝鮮研究』11号（2011年）
金成浩「ゴルバチョフ外交と北東アジア冷戦構造の変容——ソ連・韓国・北朝鮮・日本の四カ国関係から見る北朝鮮核開発の淵源」菅英輝・初瀬龍平編『アメリカの核ガバナンス』晃洋書房、2017年
木村修三「軍事戦略と核抑止論の変遷——冷戦期からポスト冷戦期へ」鴨武彦編『講座世紀間の世界政治　第１巻　旧超大国間の世界政治』日本評論社、1993年
ギャディス、ジョン・L.（五味俊樹監訳）『ロング・ピース——冷戦史の証言「核・緊張・平和」』芦書房、2003年
———（赤木完爾・齊藤祐介訳）『歴史としての冷戦——力と平和の追求』慶應義塾大学出版会、2004年

参考文献

板橋拓己『アデナウアー――現代ドイツを創った政治家』中公新書、2014年
――――『分断の克服 1989-1990――統一をめぐる西ドイツ外交の挑戦』中公選書、2022年
――――「今と地続きで、別の道もありえた歴史」『朝日新聞』夕刊、2023年1月25日
井上正也『日中国交正常化の政治史』名古屋大学出版会、2010年
――――「日中関係の形成――日華平和条約から日中平和友好条約まで」波多野澄雄編『日本の外交　第2巻　外交史　戦後編』岩波書店、2013年
岩間陽子『核の一九六八年体制と西ドイツ』有斐閣、2021年
ウェスタッド、O・A（佐々木雄太監訳）『グローバル冷戦史――第三世界への介入と現代世界の形成』名古屋大学出版会、2010年
――――（益田実監訳）『冷戦――ワールド・ヒストリー』上下、岩波書店、2020年
植村秀樹「池田＝ロバートソン会談と防衛力増強問題」『国際政治』第105号（1994年）
ヴォーゲル、エズラ・F.（渡辺利夫訳）『アジア四小龍――いかにして今日を築いたか』中公新書、1993年
ウラム、アダム（鈴木博信訳）『膨張と共存――ソヴエト外交史③』サイマル出版会、1979年
遠藤乾編『ヨーロッパ統合史［増補版］』名古屋大学出版会、2014年
大木毅『独ソ戦――絶滅戦争の惨禍』岩波新書、2019年
大澤傑「ニカラグアにおける個人化への過程分析――内政・国際関係／短期・長期的要因の分析」『国際政治』207号（2022年）
太田昌克『日米「核密約」の全貌』筑摩書房、2011年
太田仁樹「レーニンにおける資本主義と民族問題」『岡山大学経済学会雑誌』19巻3・4号（1988年）
小川浩之・板橋拓己・青野利彦『国際政治史――主権国家体系のあゆみ』有斐閣ストゥディア、2018年
小此木政夫「日朝国交交渉と日本の役割」小此木政夫編『ポスト冷戦の朝鮮半島』日本国際問題研究所、1994年
小田英郎「アメリカ合衆国のアフリカ政策――冷戦期からポスト冷戦期へ」林晃史編『冷戦後の国際社会とアフリカ』アジア経済研究所、1996年
小野沢透『幻の同盟――冷戦初期アメリカの中東政策』上下、名古屋大学出版会、2016年
――――「『同時代』と歴史的時代としての『現代』」『思想』2020年1月号
オーバードーファー、ドン＝ロバート・カーリン（菱木一美訳）『二つのコリア――国際政治のなかの朝鮮半島（第3版）』共同通信社、2015年

参考文献

青野利彦「冷戦史研究の現状と課題」『国際政治』169号（2012年）
――――『「危機の年」の冷戦と同盟――ベルリン，キューバ，デタント 1961～63年』有斐閣、2012年
――――「核不拡散と同盟国の安全保障――NPTをめぐるジョンソン政権の対独政策、一九六五‐一九六八年」菅英輝・初瀬龍平編『アメリカの核ガバナンス』晃洋書房、2017年
――――「グローバル化する東欧とアメリカ――デタント・東西貿易・債務問題」益田実・齋藤嘉臣・三宅康之編『デタントから新冷戦へ――グローバル化する世界と揺らぐ国際秩序』法律文化社、2022年
――――「国際関係史としての冷戦史」木畑洋一・中野聡編『岩波講座世界歴史22　冷戦と脱植民地化Ⅰ』岩波書店、2023年
青野利彦・倉科一希・宮田伊知郎編『現代アメリカ政治外交史――「アメリカの世紀」から「アメリカ第一主義」まで』ミネルヴァ書房、2020年
青山瑠妙『現代中国の外交』慶應義塾大学出版会、2007年
五百旗頭真編『日米関係史』有斐閣、2008年
池田慎太郎『現代日本政治史②　独立完成への苦闘 1952～1960』吉川弘文館、2011年
池田亮「スエズ危機と1950年代中葉のイギリス対中東政策」『一橋法学』第7巻第2号（2008年）
――――「西欧への二つの挑戦――脱植民地化と冷戦の複合作用」益田実・青野利彦・池田亮・齋藤嘉臣編『冷戦史を問いなおす――「冷戦」と「非冷戦」の境界』ミネルヴァ書房、2015年
石井明「アジアの共産主義革命とソ連――スターリンとアジアの突撃隊」和田春樹・後藤乾一・木畑洋一・山室信一・趙景達・中野聡・川島真編『岩波講座東アジア近現代通史　第7巻　アジア諸戦争の時代 1945-1960年』岩波書店、2011年
石井修「米国にとっての日本問題――1954年夏」『アメリカ研究』20号（1986年）
――――「日米『パートナーシップ』への道程 1952-1969」細谷千博編『日米関係通史』東京大学出版会、1995年
――――『国際政治史としての二〇世紀』有信堂高文社、2000年
――――『ゼロからわかる核密約』柏書房、2010年
――――「ニクソン政権の核戦略」『一橋法学』13巻1号（2014年）
泉川泰博「理論研究と歴史研究の統合――懐疑的見解」日本国際政治学会2020年度研究大会部会ペーパー
伊豆山真理「パキスタンの同盟政策の起源――植民地型依存から冷戦型依存へ」『国際政治』127号（2001年）

青野利彦（あおの・としひこ）

1973年，広島県生まれ．96年，一橋大学社会学部卒業．98年，一橋大学大学院法学研究科修士課程修了．2007年，カリフォルニア大学サンタ・バーバラ校歴史学研究科博士課程修了，Ph.D.（歴史学）．一橋大学大学院法学研究科専任講師，同准教授などを経て19年より同教授．
著書『「危機の年」の冷戦と同盟』（有斐閣，2012年）
『冷戦史を問いなおす』（共編著，ミネルヴァ書房，2015年）
『国際政治史』（共著，有斐閣，2018年）
『現代アメリカ政治外交史』（共編著，ミネルヴァ書房，2020年）
など．

冷戦史《れいせんし》（下）
中公新書 2782

2023年12月25日発行

著　者　青野利彦
発行者　安部順一

本文印刷　暁印刷
カバー印刷　大熊整美堂
製　本　小泉製本

発行所　中央公論新社
〒100-8152
東京都千代田区大手町1-7-1
電話　販売　03-5299-1730
　　　編集　03-5299-1830
URL https://www.chuko.co.jp/

Published by CHUOKORON-SHINSHA, INC.
Printed in Japan　ISBN978-4-12-102782-5 C1222

中公新書刊行のことば

いまからちょうど五世紀まえ、グーテンベルクが近代印刷術を発明したとき、書物の大量生産は潜在的可能性を獲得し、いまからちょうど一世紀まえ、世界のおもな文明国で義務教育制度が採用されたとき、書物の大量需要の潜在性が形成された。この二つの潜在性がはげしく現実化したのが現代である。

いまや、書物によって視野を拡大し、変りゆく世界に豊かに対応しようとする強い要求を私たちは抑えることができない。この要求にこたえる義務を、今日の書物は背負っている。だが、その義務は、たんに専門的知識の通俗化をはかることによって果たされるものでもなく、通俗的好奇心にうったえて、いたずらに発行部数の巨大さを誇ることによって果たされるものでもない。現代を真摯に生きようとする読者に、真に知るに価いする知識だけを選びだして提供すること、これが中公新書の最大の目標である。

私たちは、知識として錯覚しているものによってしばしば動かされ、裏切られる。私たちは、作為によってあたえられた知識のうえに生きることがあまりに多く、ゆるぎない事実を通して思索することがあまりにすくない。中公新書が、その一貫した特色として自らに課すものは、この事実のみの持つ無条件の説得力を発揮させることである。現代にあらたな意味を投げかけるべく待機している過去の歴史的事実もまた、中公新書によって数多く発掘されるであろう。

中公新書は、現代を自らの眼で見つめようとする、逞しい知的な読者の活力となることを欲している。

一九六二年一一月

中公新書

現代史

f3

2590 人類と病 詫摩佳代
2664 歴史修正主義 武井彩佳
2451 トラクターの世界史 藤原辰史
2778 自動車の世界史 鈴木 均
2666 ドイツ・ナショナリズム 今野 元
2368 第一次世界大戦史 飯倉 章
2681 リヒトホーフェン―撃墜王とその一族 森 貴史
27 ワイマル共和国 林 健太郎
478 アドルフ・ヒトラー 村瀬興雄
2272 ヒトラー演説 高田博行
1943 ホロコースト 芝 健介
2349 ヒトラーに抵抗した人々 對馬達雄
2610 ヒトラーの脱走兵 對馬達雄
2448 闘う文豪とナチス・ドイツ 池内 紀
2329 ナチスの戦争 1918-1949 R・ベッセル 大山 晶訳

2313 ニュルンベルク裁判 A・ヴァインケ 板橋拓己訳
2266 アデナウアー 板橋拓己
2615 物語 東ドイツの歴史 河合信晴
2274 スターリン 横手慎二
2760 諜報国家ロシア 保坂三四郎
530 チャーチル（増補版） 河合秀和
2643 イギリス1960年代 小関 隆
2578 エリザベス女王 君塚直隆
2717 アイルランド現代史 北野 充
1415 フランス現代史 渡邊啓貴
2356 イタリア現代史 伊藤 武
2221 バチカン近現代史 松本佐保
2774 ケマル・アタテュルク 小笠原弘幸
2415 トルコ現代史 今井宏平
2670 サウジアラビア―「イスラーム世界の盟主」の正体 高尾賢一郎
2586 東アジアの論理 岡本隆司
2437 中国ナショナリズム 小野寺史郎

2600 孫基禎《ソン・ギジョン》―帝国日本の朝鮮人メダリスト 金 誠
2034 感染症の中国史 飯島 渉
2700 新疆ウイグル自治区 熊倉 潤
1959 韓国現代史 木村 幹
2602 韓国社会の現在 春木育美
2682 韓国愛憎 木村 幹
2596 インドネシア大虐殺 倉沢愛子
1596 ベトナム戦争 松岡 完
2330 チェ・ゲバラ 伊高浩昭
1664 1665 アメリカの20世紀（上下） 有賀夏紀
2626 フランクリン・ローズヴェルト 佐藤千登勢
2527 大統領とハリウッド 村田晃嗣
2479 スポーツ国家アメリカ 鈴木 透
2540 食の実験場アメリカ 鈴木 透
2504 アメリカとヨーロッパ 渡邊啓貴
2163 人種とスポーツ 川島浩平
2781 2782 冷戦史（上下） 青野利彦

中公新書

政治・法律

h2

- 108 国際政治（改版） 高坂正堯
- 1686 国際政治とは何か 中西　寛
- 2190 国際秩序 細谷雄一
- 1899 国連の政治力学 北岡伸一
- 2574 戦争とは何か 多湖　淳
- 2652 戦争はいかに終結したか 千々和泰明
- 2697 戦後日本の安全保障 千々和泰明
- 2621 リベラルとは何か 田中拓道
- 2410 ポピュリズムとは何か 水島治郎
- 2207 平和主義とは何か 松元雅和
- 2576 内戦と和平 東　大作
- 2195 入門 人間の安全保障（増補版） 長　有紀枝
- 2394 難民問題 墓田　桂
- 2629 ロヒンギャ危機―「民族浄化」の真相 中西嘉宏
- 2133 文化と外交 渡辺　靖
- 113 日本の外交 入江　昭
- 1000 新・日本の外交 入江　昭
- 2402 現代日本外交史 宮城大蔵
- 2611 アメリカの政党政治 岡山　裕
- 1272 アメリカ海兵隊 野中郁次郎
- 2650 米中対立 佐橋　亮
- 2405 欧州複合危機 遠藤　乾
- 2568 中国の行動原理 益尾知佐子
- 2734 新興国は世界を変えるか 恒川恵市
- 700 戦略的思考とは何か（改版） 岡崎久彦
- 2215 戦略論の名著 野中郁次郎編著
- 721 地政学入門（改版） 曽村保信
- 2566 海の地政学 竹田いさみ
- 2722 陰謀論 秦　正樹
- 2532 シンクタンクとは何か 船橋洋一